Sandrine Guédon

BEZAUBERNDES BABYZUBEHÖR SELBST NÄHEN

Individuelle Accessoires für Bad, Schlafzimmer und zum Spielen

mvgverlag kreativ

INHALT

TECHNIK

JUNGENZIMMER

MÄDCHENZIMMER

FÜRS BADEZIMMER

ESSENSZEIT

NEUGEBORENEN-AUSSTATTUNG

LASS UNS SPIELEN!

UNTERWEGS

ÜBER DIE AUTORIN

Ihre Großmutter hat ihr das Stricken und Häkeln beigebracht, als sie gerade einmal zehn Jahre alt war. Sandrine Guédon ist von früh auf Feuer und Flamme für Textilien und den Umgang mit Nadel und Faden. Mit zweiundzwanzig Jahren hat sie das Glück, bei einer quiltenden Freundin die Kunst des Patchworks zu erlernen. Eine andere Bekannte führt sie später ins Sticken ein. In der Folge ist es nur natürlich, dass Sandrine beschließt, diese beiden Techniken zu kombinieren, um ihren Kreationen einen modernen Touch zu verleihen: So findet man unter ihren Handarbeiten beispielsweise Gesticktes mit Patchwork-Rahmen. Die vielseitig Kreative liebt es, mit verschiedenen Materialien zu arbeiten und ihr vielfältiges Wissen in einem Werk zu kombinieren. Dank ihrer großen Erfahrung ist sie Autorin und Koautorin zahlreicher Veröffentlichungen rund um die Herstellung von Perlenschmuck, Posamenten, besticktem Wollfilz …

Auf die Frage, woher sie ihre Inspirationen bezieht, erzählt Sandrine von ihrer Vorliebe für die Innenausstattung von Häusern und Wohnungen: Ihre Vorstellungskraft wird angeregt von dekorativer Keramik oder auch Wandbekleidungen, ebenso von der Ästhetik geometrischer Motive und von Rankenornamenten.

In diesem neuen Buch finden Sie 37 Modelle zum Selbst-Nähen, um Ihr Baby willkommen zu heißen. Sandrine hat Stoffe mit kindlichen und zarten Mustern in lebhaften Farben gewählt. Sie kombiniert sie ganz wunderbar und wertet ihre Kreationen durch Applikationen auf. Alle Schnittmuster und Vorlagen sind in Originalgröße angegeben, die Grundlagen des Nähens und Applizierens werden Schritt für Schritt erklärt.

Dies ist ein Nähbuch voller Zärtlichkeit, die Verheißung glücklicher gemeinsamer Momente, unverzichtbar für jede werdende Mama, sei sie nun Anfängerin oder bereits fortgeschritten im Handarbeiten.

HINWEIS ZU DEN VERWENDETEN STOFFEN

Die wunderbaren Stoffe, die in diesem Buch verwendet werden, sind vielleicht nicht in jedem Stoffgeschäft vorhanden. Doch muss niemand auf diese Stoffe verzichten, da man sie auch online bestellen kann.

Die dänische Marke STOF ist auch erhältlich bei:

- Nähzentrum Heidelberg (www.naehzentrum-hd.de)
- www.frautulpe.de
- www.stoffabric.com

Die übrigen verwendeten Stoffe findet man unter:

- www.mondialtissus.fr
- www.idee-shop.com

Ansonsten können Sie auch jeden anderen Stoff verwenden, der Ihnen gefällt. Wenden Sie sich gern an das Stoffgeschäft Ihres Vertrauens.

TECHNIK

SCHRÄGBAND ODER BORDÜRE

Das Schrägband ist ein schräg zugeschnittener Stoffstreifen. Schrägband ist elastisch und schmiegt sich Rändern oder Rundungen gut an. Es wird zum Fertigstellen einer Näharbeit oder zur Dekoration verwendet.

Von der Ecke aus nach jeder Seite dieselbe Länge abmessen und beide Punkte mit einer Linie im Winkel von 45° verbinden. Die Breite des Schrägbandes parallel zu dieser Linie zeichnen und das Band zuschneiden. Faustregel für die Breite: 4-mal so breit wie die gewünschte Einfasskante. Soll die Einfasskante 1 cm breit sein, muss das Schrägband also 4 cm breit sein.

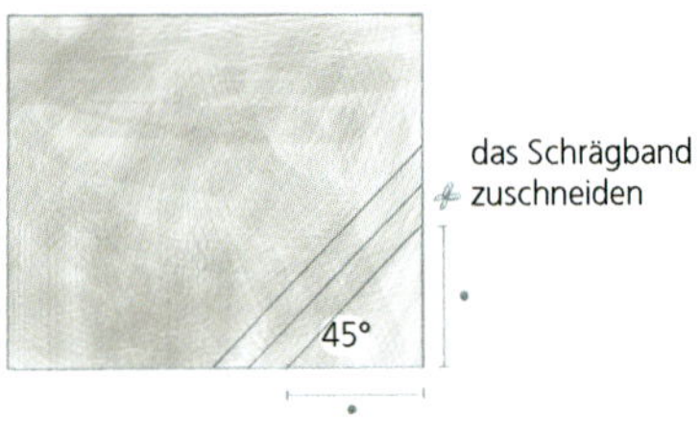

Zwei Streifen Schrägband rechts auf rechts im rechten Winkel übereinanderlegen. Die Enden, wie in der Abbildung zu sehen, so verschieben, dass die Nahtzugabe von 0,5 cm genäht werden kann. Die Bänder zusammennähen.

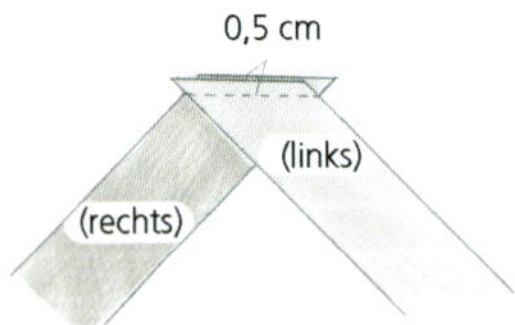

Die Naht auseinanderbügeln und die überstehenden Ecken abschneiden.

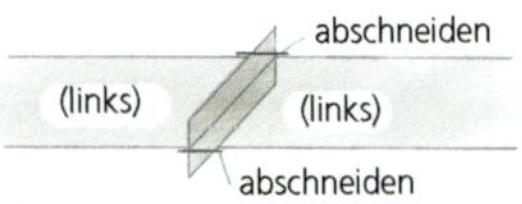

Ein Schrägband oder eine Bordüre anbringen
Schrägband und Stoff rechts auf rechts legen, auf der markierten Linie zusammennähen.

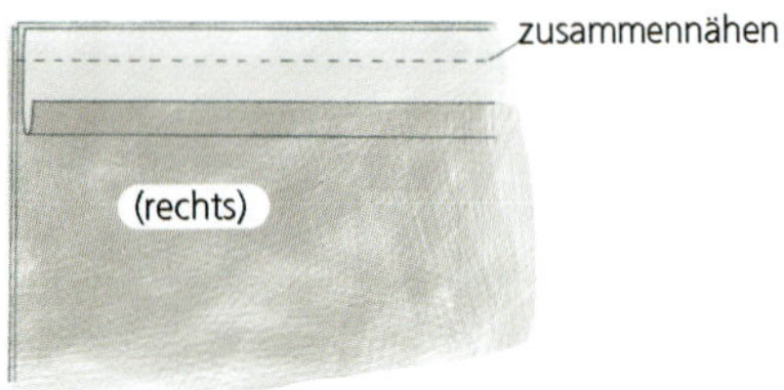

Das Schrägband über die Naht umschlagen, feststecken und 0,2 cm vom Rand von rechts absteppen.

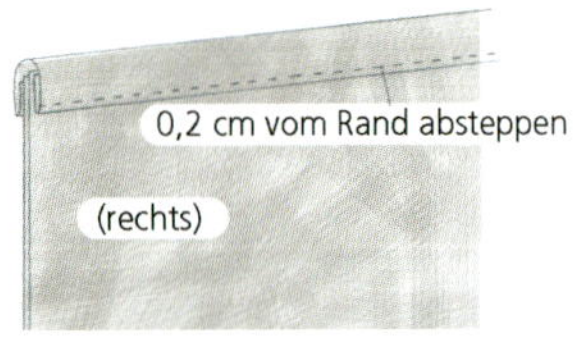

*** Anbringen einer Bordüre**
Genauso vorgehen wie beim Schrägband, die Bordüre umschlagen, sodass die Naht verdeckt ist, feststecken und von links mit kleinen unsichtbaren Stichen festnähen.

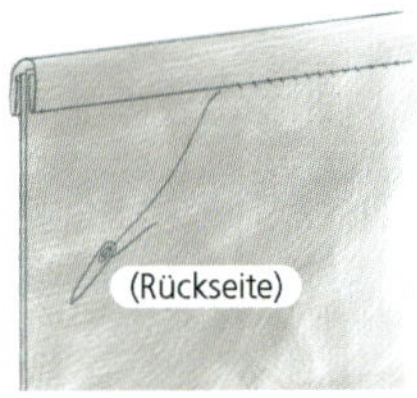

KISSEN MIT HOTELVERSCHLUSS

1. Bei beiden Rückenteilen an einer Seite 2-mal 1 cm umschlagen und absteppen.

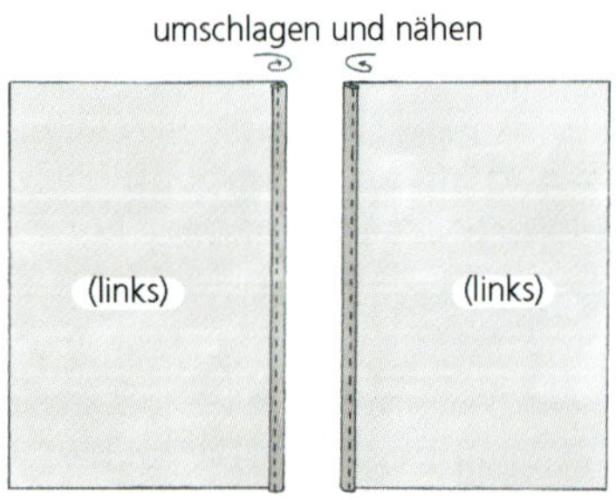

2. Beide Rückenteile überlappend rechts auf rechts auf das Vorderteil legen und rundherum zusammennähen.

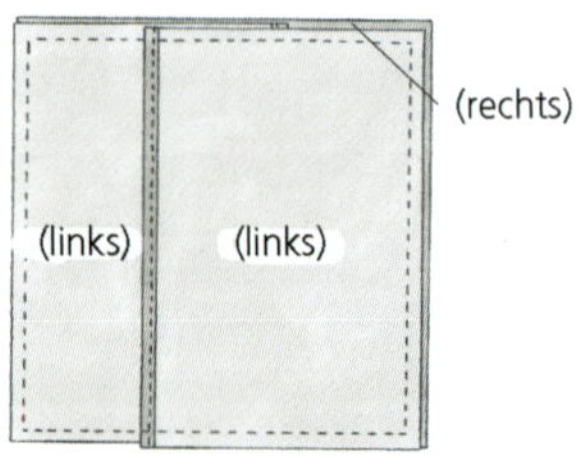

AUFBÜGELBARE APPLIKATIONEN

Vliesofix ist ein doppelseitiges Klebepapier zum Aufbügeln, mit dem textile Applikationen hergestellt werden können. Der Kleber befindet sich zwischen zwei Schutzpapieren.

Das Motiv auf das Papier auf der Rückseite des Aufbügelpapiers durchpausen.

Das hintere Schutzpapier des doppelseitigen Aufbügelpapiers abziehen und das Motiv auf die linke Stoffseite aufbügeln.

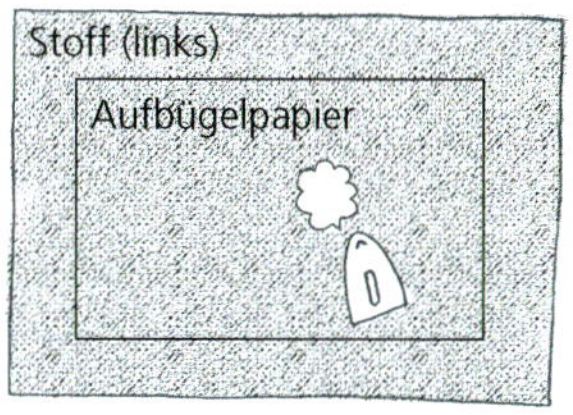

Das aufgebügelte Motiv ausschneiden

Das zweite Schutzpapier abziehen und das zugeschnittene Motiv auf die Stoffvorderseite legen. Mit dem Bügeleisen aufbügeln.

Um den gesamten Rand des Motivs im Langettenstich oder Kammstich sticken.

Tipp: Bevor Sie mit dem Zusammennähen beginnen, sollten Sie das gesamte Bild zusammenstellen und die verschiedenen Stoffteile auf ihren vorgesehenen Platz legen. So gehen Sie sicher, dass die Teile richtig zugeschnitten sind, und können sich die Abfolge des Zusammennähens besser vorstellen.

EINSETZEN EINES REISSVERSCHLUSSES

Bei einem Beutel oder einer Tasche:

Den Reißverschluss rechts auf rechts auf den Stoff legen, 0,2 cm vom Rand versetzt, und 0,5 cm vom Rand festnähen.

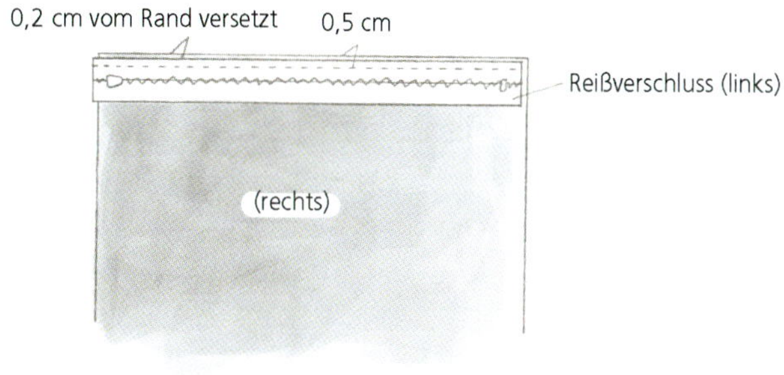

Den Knick bügeln. Den Reißverschluss umschlagen und 0,2 cm vom Rand absteppen.

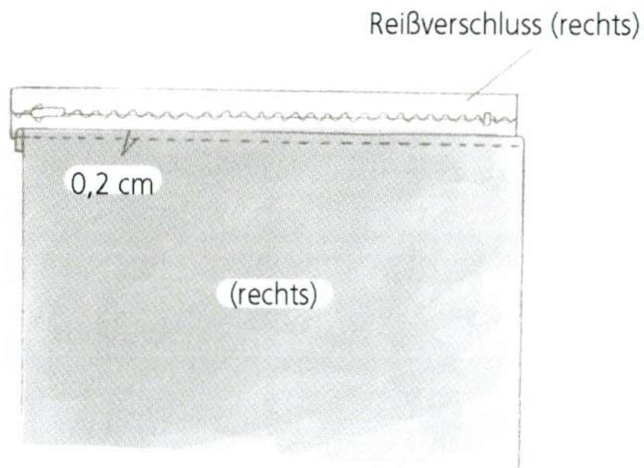

Am anderen Teil den Reißverschluss genauso annähen.

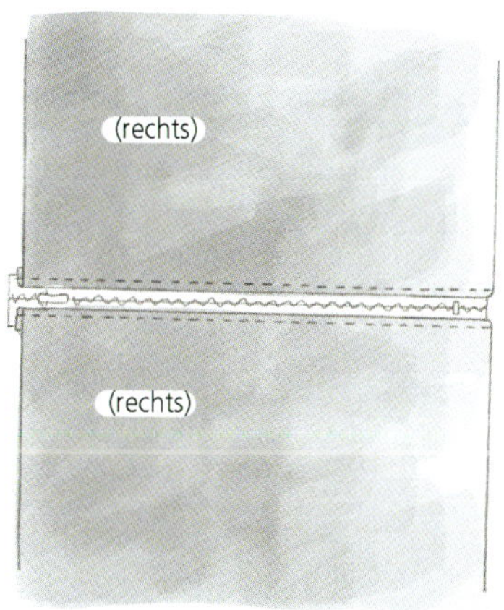

JUNGENZIMMER

FISCHGIRLANDE

Maße: 27 x 280 cm (H x B)

Vorlagen in der Beilage Seite **A**

MATERIAL

- 52 x 80 cm Motivstoff »Fische« von Stof, Art.-Nr. 2200.386
- 20 x 75 cm Motivstoff »Seesterne« von Stof, Art.-Nr. 2200.388
- 30 x 110 cm grauer Stoff von Stof, Art.-Nr. 2200.390
- 20 x 65 cm anisgrüner Stoff von Stof, Art.-Nr. 6300.076
- 22 x 28 cm türkis gestreifter Stoff von Stof, Art.-Nr. 2200.394
- 20 x 110 cm türkiser Uni-Stoff
- Meergrüner Filzrest
- Himmelblauer Filzrest
- 2 verkupferte Metallringe mit 4 cm Durchmesser
- 10 passende Kunststoffknöpfe mit 1,5 cm Durchmesser*

*Bei sehr kleinen Kindern besteht die Gefahr, dass sie Knöpfe verschlucken. Die Knöpfe können durch Filzapplikationen ersetzt werden.

Anmerkung
Für das Sticken mit der Nähmaschine Garn in Kontrastfarbe wählen.

ZUSCHNEIDEN

Die Vorlagen enthalten keine Nahtzugabe. Die Stoffe rundherum mit 1 cm Zugabe zuschneiden, außer bei den Applikationen.

Aus dem Motivstoff »Fische« zuschneiden:
5-mal Vorlage 7 (**E:** Fisch 2)
5-mal die Vorlagen 6 + 7 spiegelbildlich (**F:** Rückseite Fisch 2)

Aus dem Motivstoff »Seesterne« zuschneiden:
5-mal die Vorlage 5 (**B:** Fisch 1)

Aus dem grauen Stoff zuschneiden:
2-mal Vorlage 4 (**A:** Fisch 1)
6 cm breite Streifen, um einen 280 cm langen Streifen anzufertigen (**H:** Band)

Aus dem anisgrünen Stoff zuschneiden:
3-mal Vorlage 4 (**A:** Fisch 1)
3-mal Vorlage 6 (**D:** Fisch 2)

Aus dem türkisfarbenen Streifenstoff zuschneiden:
2-mal Vorlage 6 (**D**: Fisch 2)

Aus dem türkisen Uni-Stoff zuschneiden:
5-mal die Vorlagen 4 + 5 spiegelbildlich (**C**: Rückseite von Fisch 1)

Aus dem meergrünen Filz mit Zickzackschere zuschneiden:
4-mal Vorlage 8 (**G:** Schuppen)

Aus dem himmelblauen Filz mit Zickzackschere zuschneiden:
6-mal Vorlage 8 (**G:** Schuppen)

ANLEITUNG

ZUSAMMENNÄHEN DER FISCHE

Ein Teil **A** rechts auf rechts auf ein Teil **B** legen, 1 cm vom Rand zusammennähen und die Naht auseinanderbügeln. Mit den übrigen Teilen **A** und **B** ebenso verfahren, um fünf Vorderseiten von Fisch 1 zu erhalten.

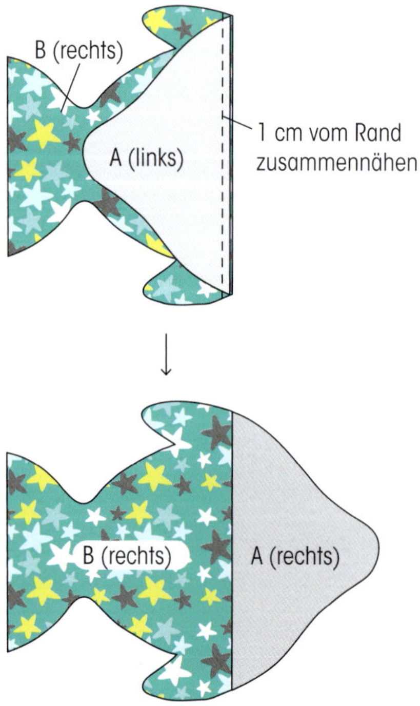

FISCHGIRLANDE

Die Teile **D** und **E** ebenso zusammennähen, um 5 Vorderseiten von Fisch 2 zu erhalten. Bei diesen Fischen zwei Teile **G** zwischen beide Stofflagen schieben.

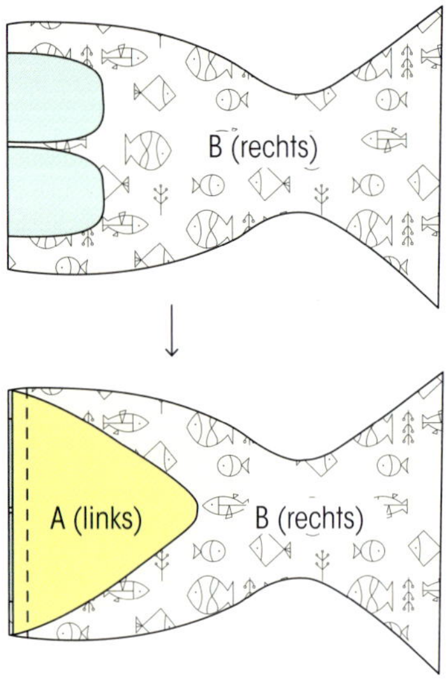

Die Einheit **A/B** rechts auf rechts auf die Teile **C** legen, rundherum zusammennähen, nur am Schwanz eine Öffnung lassen. Die Rundungen einschneiden, auf rechts wenden und bügeln.

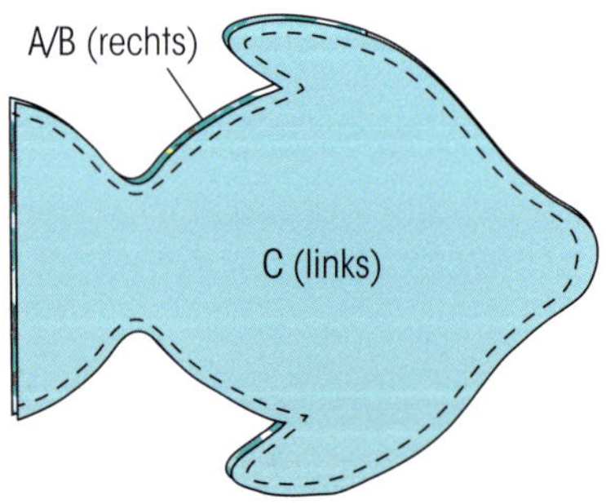

Die Einheit **D/E/G** mit den Teilen **F** genauso zusammennähen.

Den Rand der Schuppen mit türkisem Garn absteppen und das Maul im engen Zickzackstich aufsticken. An die Stelle jedes Auges einen Knopf nähen.

FERTIGSTELLUNG

Aus den Teilen **H** ein 280 cm langes Band nähen.

An den Längsseiten jeweils 1 cm nach links umschlagen, das Band anschließend der Länge nach in der Mitte falten.

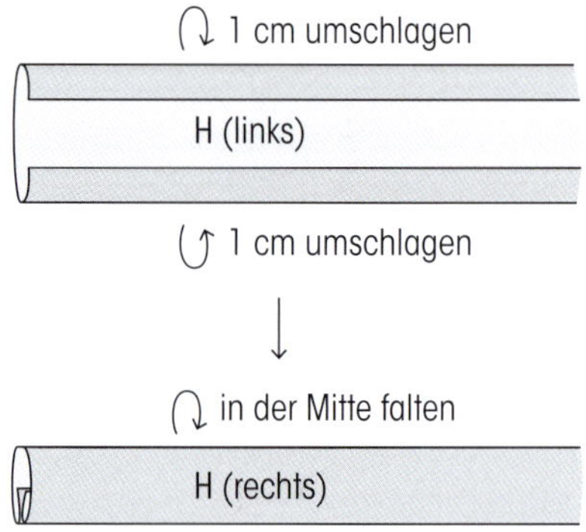

Die Orientierungspunkte wie auf der Abbildung zu sehen mit Stecknadeln markieren.

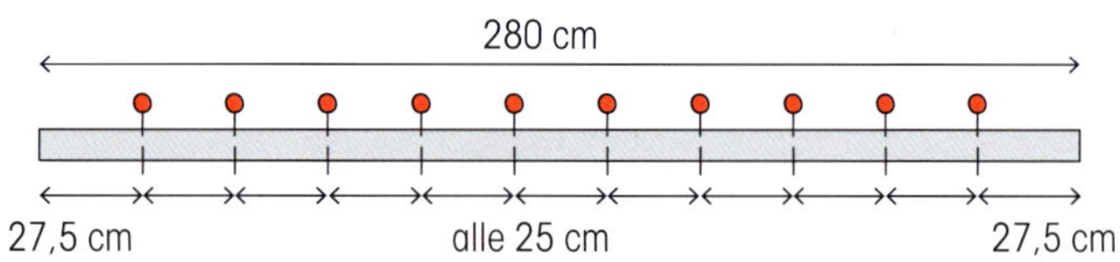

Jeden Fisch mittig mit dem Schwanz bei einer Markierung zwischen die beiden Stofflagen schieben. 0,2 cm vom Rand absteppen, um alle Fische zu befestigen.

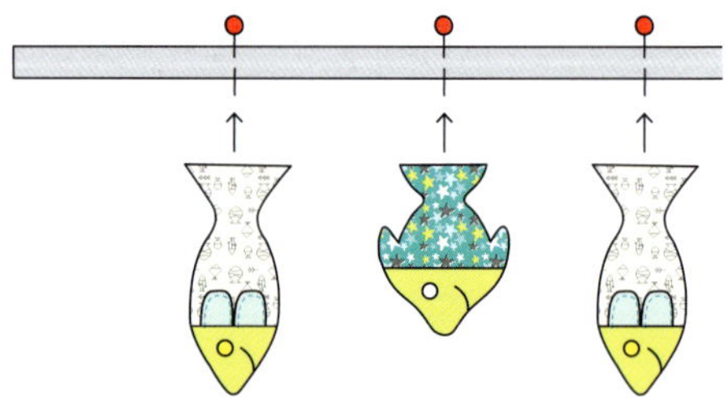

Jedes Ende des Bandes durch einen Ring führen, am Bandende einen Saum umschlagen und 0,2 cm vom Rand nähen.

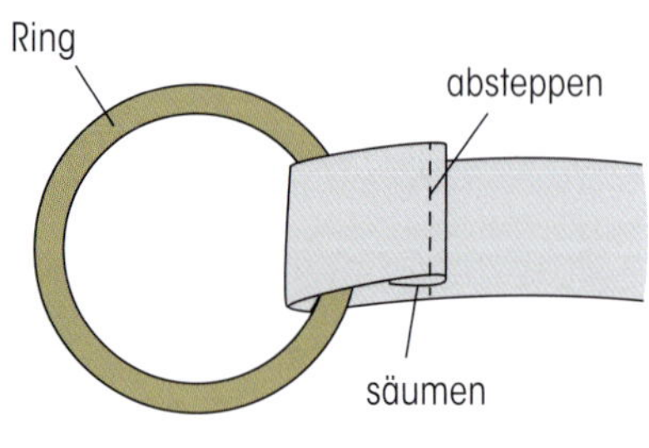

AUFBEWAHRUNGSBOX

Vorlagen in der Beilage Seite **A**

Maße: 20 x 20 x 25 cm (B x T x H)

MATERIAL

- 30 x 110 cm türkiser Streifenstoff von Stof, Art.-Nr. 2200.394
- 32 x 110 cm Motivstoff »Seesterne« von Stof, Art. Nr. 2200.388
- 15 x 20 cm grauer Stoff von Stof, Art.-Nr. 2200.390
- Anisgrüner Stoffrest von Stof, Art.-Nr. 6300.076
- Rest doppelseitiger Aufbügelstoff
- 30 x 110 cm feine Watteline
- 12 cm anisgrünes Schmuckband, 1 cm breit, von Rico Design
- Füllwatte
- 1 grüner Knopf mit 1,5 cm Durchmesser*

*Bei sehr kleinen Kindern besteht die Gefahr, dass sie Knöpfe verschlucken. Die Knöpfe können durch Filzapplikationen ersetzt werden.

Anmerkung
Für das Sticken mit der Nähmaschine Garn in Kontrastfarbe wählen.

ZUSCHNEIDEN

Die Vorlagen enthalten keine Nahtzugaben.
Die angegebenen Maße sind ohne Nahtzugaben.
Die Stoffe rundherum mit 1 cm Zugabe zuschneiden, außer bei den Applikationen.

Aus dem türkisen Streifenstoff zuschneiden:
4-mal 20 x 25 cm (**A**)
1-mal 20 x 20 cm (**B**)

Aus dem Motivstoff »Seesterne« zuschneiden:
4-mal 20 x 27 cm (**C:** Futter)
1-mal 20 x 20 cm (**D:** Futter)

Aus dem grauen Stoff zuschneiden:
2-mal die Vorlagen 9 + 10 symmetrisch (**F:** Fisch 3)

Aus dem anisgrünen Stoff zuschneiden:
1-mal Vorlage 13 (**E:** kleiner Seestern)

Aus der feinen Watteline zuschneiden:
4-mal 20 x 25 cm (**A'**)
1-mal 20 x 20 cm (**B'**)

ANLEITUNG

ZUSAMMENNÄHEN DES FISCHES

Die Teile **F** rechts auf rechts zusammenlegen, rundherum zusammennähen, nur am Schwanz eine Öffnung lassen.

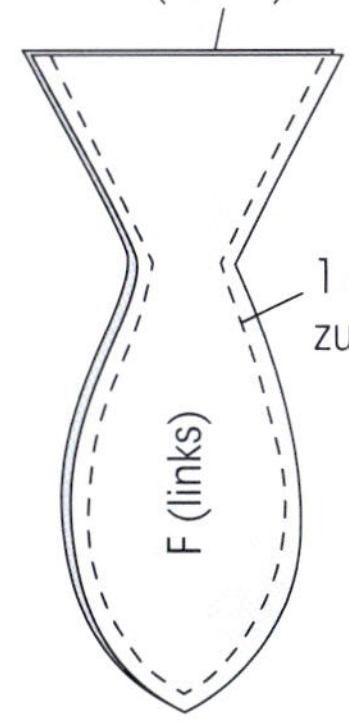

Die Rundungen einschneiden, auf rechts wenden und mit Watte ausstopfen.

An der Öffnung 1 cm nach links umschlagen, ein Ende des Schmuckbandes in die Öffnung schieben. Die Öffnung im engen Zickzackstich zunähen, dabei das Band mit einnähen. Den Knopf als Auge annähen.

DIE BOX

Die zugeschnittene Watteline **A'** auf die linken Seiten der Teile **A** legen, rundherum zusammenheften, damit sich nichts verschiebt. Mit Teil **B** und Watteline **B'** ebenso verfahren.

AUFBEWAHRUNGSBOX

Teil **E** mit Aufbügelvlies verstärken und 4,5 cm vom unteren Rand und 3,5 cm von der rechten Seite auf eine Einheit **A/A'** legen. Im engen Zickzackstich zusammennähen.

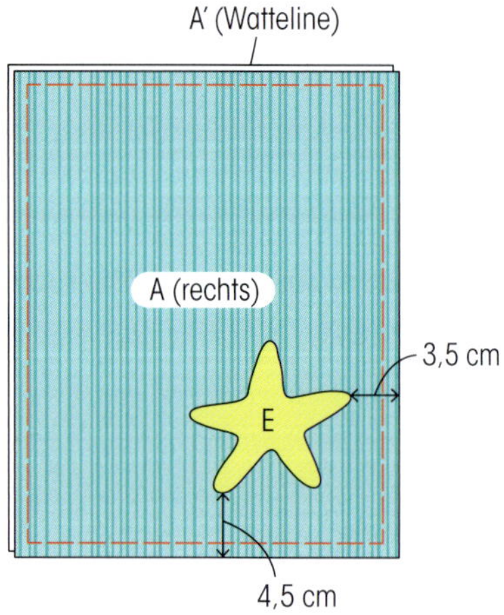

Auf diese Einheit **A/A'** wie abgebildet das Band mit dem Fisch legen und 8 cm vom Rand nach unten annähen.

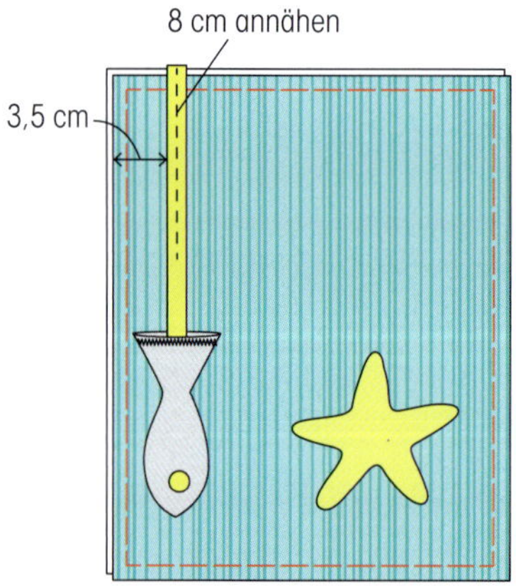

Die Einheiten **A/A'** und **B/B'** rechts auf rechts zusammennähen, um die flache offene Box zu erhalten. Die Nähte auseinanderbügeln.

Anschließend die Seitenränder rechts auf rechts zusammennähen, die Nähte auseinanderbügeln und auf rechts wenden.

DAS FUTTER

Das Futter aus den Teilen **C** und **D** genauso zusammennähen wie die Box.

ZUSAMMENNÄHEN

Das Futter links auf links so in die Box einfügen, dass die Seitennähte übereinstimmen. Am oberen Rand des Futters einen doppelten Umschlag von 1 cm über den oberen Rand der Box machen und 0,2 cm vom Rand absteppen.

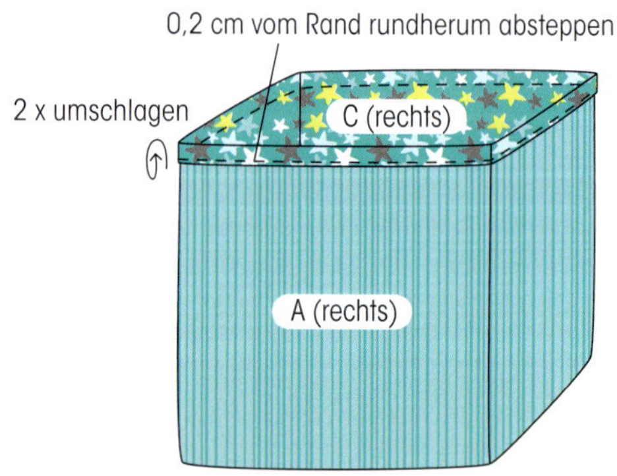

Den oberen Rand der Box 6 cm nach außen umschlagen. Die Ecken feststecken und jede Ecke mit ein paar Stichen absteppen (siehe Foto).

BABYSCHLAFSACK

Maße: ca. 60 x 84 cm

Vorlagen in der Beilage Seite A

MATERIAL

- 90 x 125 cm Motivstoff »Fische« von Stof, Art.-Nr. 2200.386
- 15 x 18 cm Motivstoff »Seesterne« von Stof, Art.-Nr. 2200.388
- 60 x 80 cm grauer Stoff von Stof, Art.-Nr. 2200.390
- 45 x 50 cm anisgrüner Stoff von Stof, Art.-Nr. 6300.076
- 90 x 125 cm weißer Stoff (Futter)
- Meergrüner Filzrest
- Türkiser Filzrest
- 18 x 23 cm doppelseitiges Aufbügelvlies
- 90 x 125 cm feine Watteline
- 30 cm himmelblaues Schmuckband, 1 cm breit, von Rico Design
- 1 weißer Reißverschluss, 75 cm lang
- 2 weiße Kunststoff-Druckknöpfe

Anmerkung
Für das Sticken mit der Nähmaschine Garn in Kontrastfarbe wählen.

ZUSCHNEIDEN

Die Vorlagen enthalten keine Nahtzugaben. Die Stoffe rundherum mit 1 cm Zugabe zuschneiden, außer bei den Applikationen.

Aus dem Motivstoff »Fische«, doppelt genommen:
1-mal Vorlage 2 (**B:** unteres Vorderteil des Babyschlafsacks)
1-mal die Vorlagen 3 + 2 (**C:** Rückenteil des Babyschlafsacks)

Aus dem Motivstoff »Seesterne« zuschneiden:
1-mal Vorlage 5 (**E:** Fisch 1)

Aus dem grauen Stoff zuschneiden:
1-mal Vorlage 4 (**D:** Fisch 1)
4 cm breite Schrägbänder, um ein 160 cm langes Schrägband anzufertigen (**M:** Schrägband)

Aus dem anisgrünen Stoff, doppelt genommen, zuschneiden:
1-mal Vorlage 1 (**A:** oberes Vorderteil des Babyschlafsacks)

Aus dem weißen Uni-Stoff, doppelt genommen, zuschneiden:
1-mal die Vorlagen 1 + 2 (**K:** Futter Vorderteil des Babyschlafsacks)
1-mal die Vorlagen 3 + 2 (**L:** Futter Rückenteil des Babyschlafsacks)

Aus dem meergrünen Filzrest zuschneiden:
1 Kreis mit 2,5 cm Durchmesser (**G:** Luftblase)
1 Kreis mit 3,5 cm Durchmesser (**H:** Luftblase)
1 Kreis mit 4,5 cm Durchmesser (**I:** Luftblase)
1 Kreis mit 5,5 cm Durchmesser (**J:** Luftblase)

Aus dem türkisen Filzrest zuschneiden:
1 Kreis mit 1,5 cm Durchmesser (**F:** Fischauge)

Aus der feinen Watteline, doppelt genommen, zuschneiden:
1-mal die Vorlagen 1 + 2 (**A':** Vorderteil des Babyschlafsacks)
1-mal die Vorlagen 3 + 2 (**C':** Rückenteil des Babyschlafsacks)

ANLEITUNG

ZUSAMMENNÄHEN DES FISCHES

Genau wie bei den Fischen für die Girlande (siehe S. 8) die Teile **D** und **E** zusammennähen.

Den Fisch aus der Einheit **D/E** mit Aufbügelvlies verstärken.

VORDERTEIL DES BABYSCHLAFSACKS

Teil **A** rechts auf rechts auf Teil **B** legen, 1 cm vom Rand zusammennähen und die Naht auseinanderbügeln.

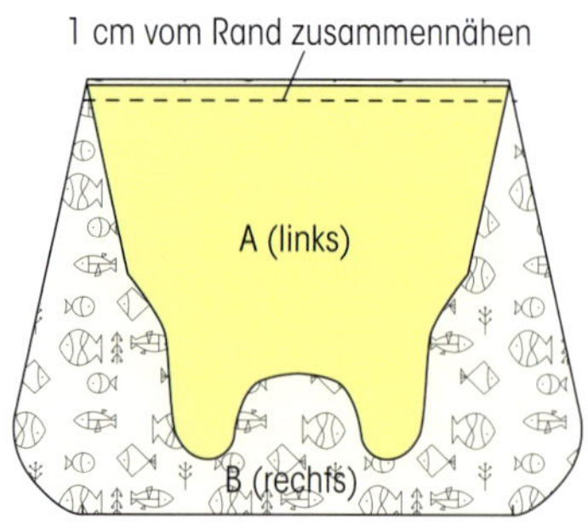

Die Watteline **A'** auf die linke Seite der Einheit **A/B** legen und rundherum zusammenheften, damit nichts verrutscht. 0,5 cm von der Naht absteppen, mit der die Teile **A** und **B** zusammengenäht sind.

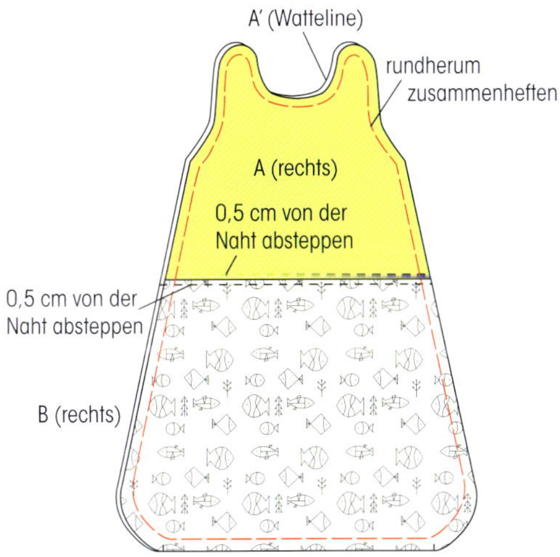

Anhand des Fotos den Fisch **D/E** und die Teile **G, H, I** und **J** auf Teil **A** an die vorgesehenen Stellen legen und mit einem engen Zickzackstich applizieren. Ebenso Teil **F** auf den Fisch applizieren, dann das Maul im engen Zickzackstich sticken.

RÜCKENTEIL DES BABYSCHLAFSACKS

Genau wie beim Vorderteil die Watteline **C'** auf die linke Seite von Teil **C** legen und rundherum zusammenheften.

ZUSAMMENNÄHEN

Vorder- und Rückenteil des Babyschlafsacks rechts auf rechts übereinanderlegen und zusammenstecken. Mit dem Zusammennähen unter einem Armausschnitt beginnen und an der Markierung für den Reißverschluss enden, die auf dem Schnittmuster angegeben ist.

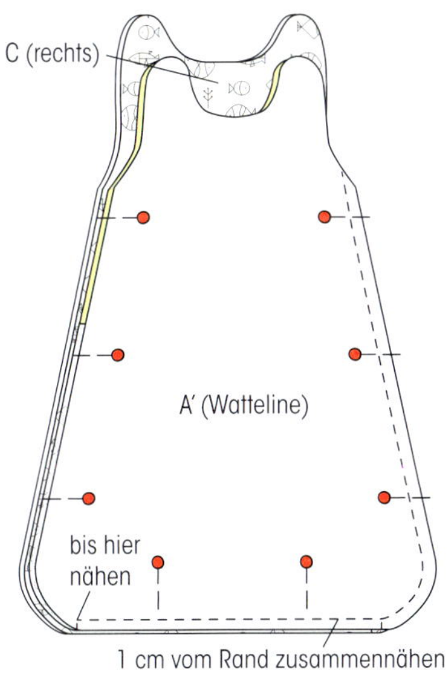

Genauso auch das Futter aus den Teilen **K** und **L** nähen und die Rundungen einschneiden.

Das Futter links auf links in den Babyschlafsack schieben, so zusammenstecken, dass die Seiten und die Schultern zusammentreffen.

Aus den Streifen **M** das 1 cm breite Schrägband anfertigen. An Vorder- und Rückenteil oben den Rand mit dem Schrägband einfassen (siehe Erklärung der Technik S. 4).

Den Reißverschluss in die offene Seite des Babyschlafsacks nähen. Die Nahtzugaben des Futters nach links umschlagen und mit kleinen unsichtbaren Stichen auf den Reißverschluss nähen (siehe Erklärung der Technik S. 5).

Aus dem Schmuckband eine hübsche Schleife binden und diese mit kleinen unsichtbaren Stichen in die Mitte des Babyschlafsacks nähen (siehe Foto).

Die Druckknöpfe an beide Schultern nähen.

WINDELBEUTEL ZUM AUFHÄNGEN

Vorlagen in der Beilage Seite A

Maße: ca. 35 x 37 cm

MATERIAL

- 78 x 110 cm Motivstoff »Fische« von Stof, Art.-Nr. 2200.386
- 25 x 50 cm Motivstoff »Seesterne« von Stof, Art.-Nr. 2200.388
- 42 x 78 cm grauer Stoff von Stof, Art.-Nr. 2200.390
- Anisgrüner Stoffrest von Stof, Art.-Nr. 6300.076
- Türkiser Streifenstoffrest von Stof, Art.-Nr. 2200.394
- Rest doppelseitiges Aufbügelvlies
- 80 x 110 cm feine Watteline
- 165 cm himmelblaues Schmuckband, 1 cm breit, von Rico Design
- 2 passende Knöpfe mit 1,5 cm Durchmesser*

*Bei sehr kleinen Kindern besteht die Gefahr, dass sie Knöpfe verschlucken. Die Knöpfe können durch Filzapplikationen ersetzt werden.

Anmerkung
Für das Sticken mit der Nähmaschine Garn in Kontrastfarbe wählen.

ZUSCHNEIDEN

Die Vorlagen enthalten keine Nahtzugabe.
Die angegebenen Maße sind ohne Nahtzugabe.
Die Stoffe rundherum mit 1 cm Zugabe zuschneiden, außer bei den Applikationen.

Aus dem Motivstoff »Fische« zuschneiden:
2-mal 35 x 35 cm (**A:** Vorder- und Rückenteil)
2-mal 35 x 35 cm (**D:** Futter)
1-mal 8 x 35 cm (**C:** Boden)
3-mal 8 x 35 cm (**E:** Futter für die Seiten und den Boden)
1-mal Vorlage 9 (**I:** Fisch 3)

Aus dem Motivstoff »Seesterne« zuschneiden:
2-mal 8 x 35 cm (**B:** Seiten)
1-mal Vorlage 12 (**H:** Fisch 4)

Aus dem grauen Stoff, doppelt genommen, zuschneiden:
2-mal Vorlage 16 (**F:** Klappe)

Aus dem anisgrünen Stoff zuschneiden:
1-mal Vorlage 11 (**G:** Fisch 4)
1-mal Vorlage 10 (**J:** Fisch 3)

Aus dem türkisen Streifenstoff zuschneiden:
1-mal Vorlage 14 (**K:** großer Seestern)

Aus der feinen Watteline, doppelt genommen, zuschneiden:
1-mal Vorlage 16 (**X:** Klappe)

Aus der feinen Watteline zuschneiden:
2-mal 35 x 35 cm (**Y:** Vorder- und Rückenteil)
3-mal 8 x 35 cm (**Z:** Seiten und Boden)

Aus dem himmelblauen Schmuckband zuschneiden:
3-mal 55 cm

ANLEITUNG

ZUSAMMENNÄHEN DER FISCHE

Genau wie bei den Fischen für die Girlande (siehe S. 8) die Teile **G** und **H**, dann **I** und **J** zusammennähen.

Die Fische **G/H, I/J** und das Teil **K** mit Aufbügelvlies verstärken.

DIE KLAPPE

Die Watteline **X** (Abb. 1) auf die linke Seite eines Teils **F** legen, zusammenheften, damit nichts verrutscht.

Anhand des Fotos die Fische **G/H, I/J** und das Teil **K** auf die rechte Seite der Einheit **F/X** legen und im engen Zickzackstich applizieren. Anschließend die Trennlinien und Mäuler im engen Zickzackstich sticken und die Knöpfe als Augen annähen.

Dieses Teil **F/X** (Abb. 2) und das andere Teil F rechts auf rechts legen, 1 cm vom Rand zusammennähen, oben offen lassen.

1
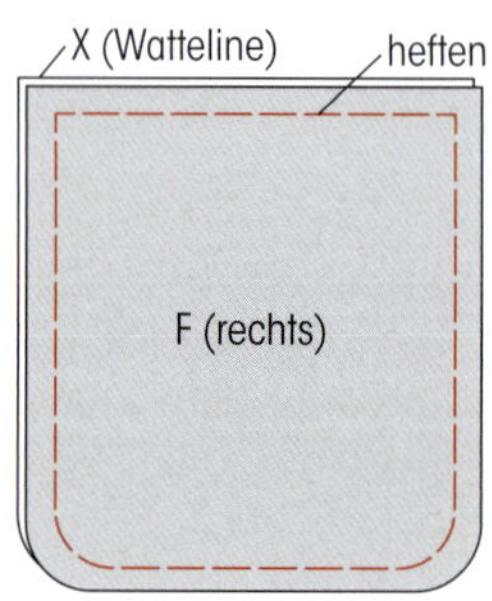

2
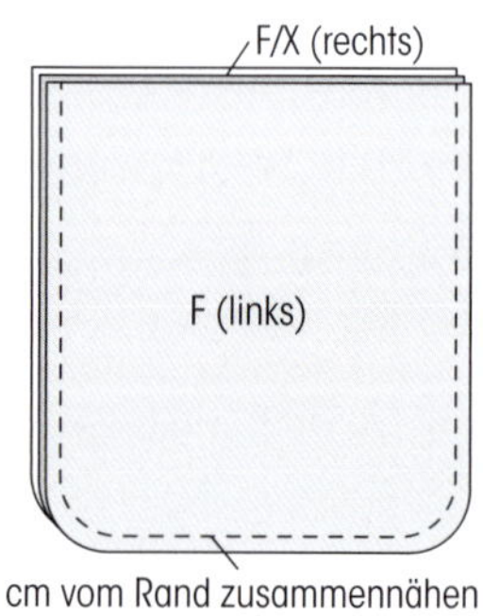

WINDELBEUTEL ZUM AUFHÄNGEN

Die Rundungen einschneiden, auf rechts wenden und 1 cm vom Rand absteppen, dabei oben offen lassen.

DER BEUTEL

Genau wie bei der Klappe (siehe S. 16) die Watteline **Y** links auf die Teile **A** legen, rundherum zusammenheften, damit nichts verrutscht. Ebenso mit den Teilen **B** und **C** und der Watteline **Z** verfahren.

Die Einheit **B/Z** rechts auf rechts auf eine Einheit **A/Y** legen, 1 cm vom Rand zusammennähen, die Nähte auseinanderbügeln.

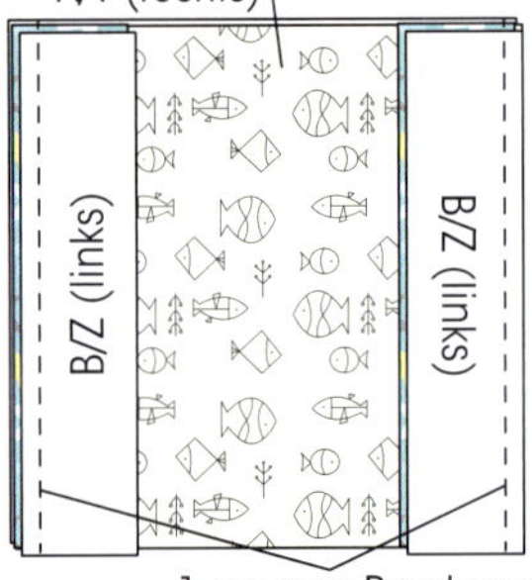

Ebenso die andere Einheit **A/Y** rechts auf rechts zusammennähen. Schließlich die Einheit **C/Z** an den Boden nähen, auf rechts wenden.

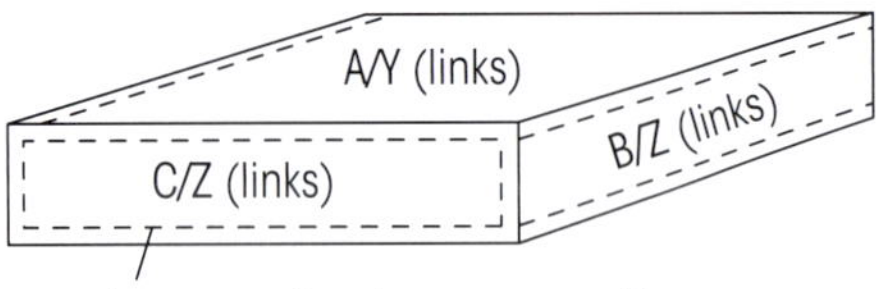

DAS FUTTER

Genau wie bei dem Beutel das Futter aus den Teilen **D** und **E** zusammennähen.

ZUSAMMENNÄHEN

Die Klappe auf den oberen Rand der Beutelrückseite legen, 1 cm vom Rand nähen und die Naht nach innen in den Beutel umschlagen.

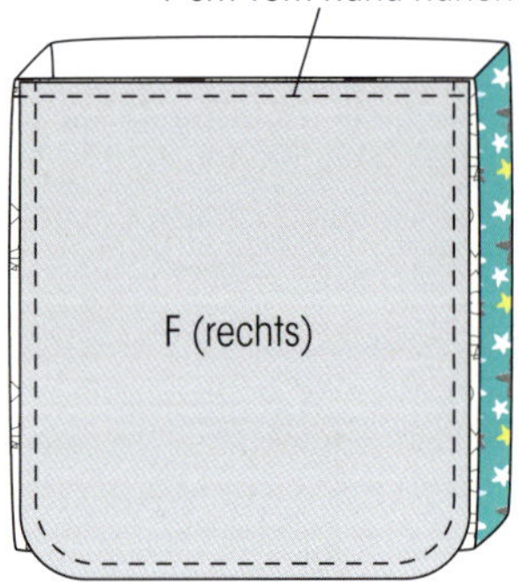

Den oberen Rand des Beutels 1 cm nach links umschlagen und die Bruchkante deutlich markieren. Ebenso mit dem Futter verfahren.

Das Futter links auf links so in den Beutel schieben, dass die Seitennähte zusammenfallen. 0,5 cm vom Rand der Beutelöffnung absteppen und das Futter der Klappe mit kleinen unsichtbaren Stichen schließen.

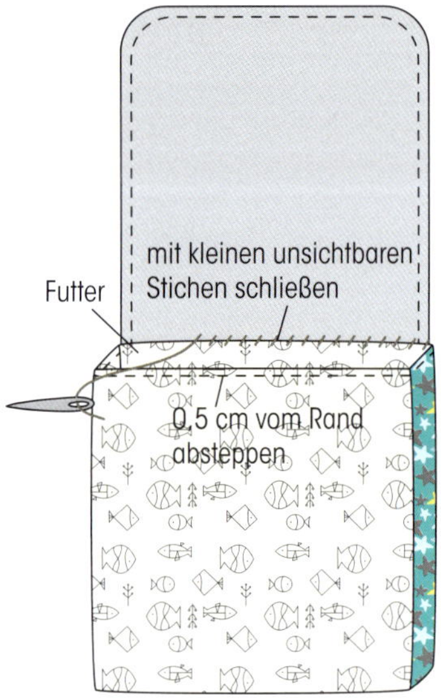

Die Bänder in der Mitte falten und auf die Naht zwischen Klappe und Beutelrückseite nähen.
Die Enden der Bänder säumen und vorne an ein Gitterbett binden, um dort die Windeln zu verwahren.

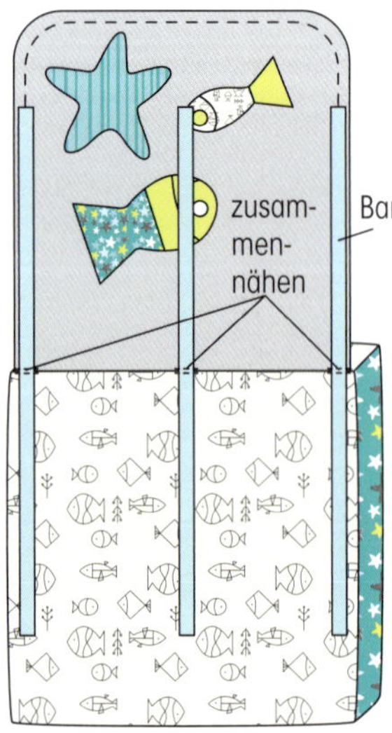

NESTCHEN

Maße: 45 x 60 cm pro Rechteck (für ein Gitterbett 60 x 120 cm)

Vorlagen in der Beilage Seite A

MATERIAL

- 85 x 95 cm Motivstoff »Seesterne« von Stof, Art.-Nr. 2200.388
- 65 x 98 cm türkiser Streifenstoff von Stof, Art.-Nr. 2200.394
- 90 x 98 grauer Stoff von Stof, Art.-Nr. 2200.390
- 32 x 32 cm anisgrüner Stoff von Stof, Art.-Nr. 6300.076
- Rest von Motivstoff »Fische« von Stof, Art.-Nr. 2200.386
- 30 x 50 cm doppelseitiges Aufbügelvlies
- 126 x 145 cm feine Watteline
- Füllwatte
- 467 cm anisgrünes Schmuckband, 1 cm breit, von Rico Design
- 200 cm himmelblaues Schmuckband, 1 cm breit, von Rico Design
- 4 passende Knöpfe mit 1,5 cm Durchmesser*

*Bei sehr kleinen Kindern besteht die Gefahr, dass sie Knöpfe verschlucken. Die Knöpfe können durch Filzapplikationen ersetzt werden.

Anmerkung
Für das Sticken mit der Nähmaschine Garn in Kontrastfarbe wählen.

ZUSCHNEIDEN

Die Vorlagen enthalten keine Nahtzugabe.
Die angegebenen Maße sind ohne Nahtzugabe.
Die Stoffe rundherum mit 1 cm Zugabe zuschneiden, außer bei den Applikationen.

Aus dem Motivstoff »Seesterne« zuschneiden:
2-mal 45 x 60 cm (**A**)
1-mal Vorlage 7 (**E:** Fisch 2)
2-mal die Vorlagen 11 + 12 symmetrisch (**K:** Fisch 4)

Aus dem türkisen Streifenstoff zuschneiden:
2-mal 45 x 60 cm (**B**)

Aus dem grauen Stoff zuschneiden:
2-mal 45 x 60 cm (**C**)
1-mal Vorlage 4 (**F:** Fisch 1)
1-mal Vorlage 14 (**I:** großer Seestern)
1-mal 4 x 25 cm ohne Nahtzugabe (**L:** Bänder)

Aus dem anisgrünen Stoff zuschneiden:
1-mal Vorlage 6 (**D:** Fisch 2)
1-mal Vorlage 13 (**H:** kleiner Seestern)
4-mal Vorlage 14 symmetrisch (**J:** großer Seestern)

Aus dem Motivstoff »Fische« zuschneiden:
1-mal Vorlage 5 (**G:** Fisch 1)

Aus der feinen Watteline zuschneiden:
6-mal 45 x 60 cm (**A′**, **B′** und **C′**)

Aus dem anisgrünen Schmuckband zuschneiden:
1-mal 15 cm (**X:** zum Aufhängen des Seesterns)
1-mal 22 cm (**X:** zum Aufhängen des Seesterns)
1-mal 30 cm (**X:** zum Aufhängen von Fisch 4)
8-mal 50 cm (**Y:** Aufhänger)

Aus dem hellblauen Schmuckband zuschneiden:
4-mal 50 cm (**Y**: Aufhänger)

NESTCHEN

ANLEITUNG

VORBEREITUNG

Die zugeschnittenen Teile aus Watteline **A'** auf die linke Seite der Teile **A** legen, rundherum zusammenheften, damit nichts verrutscht. Mit den Teilen **B** und **C** und den dazugehörigen Watteline-Teilen **B'** und **C'** ebenso verfahren.

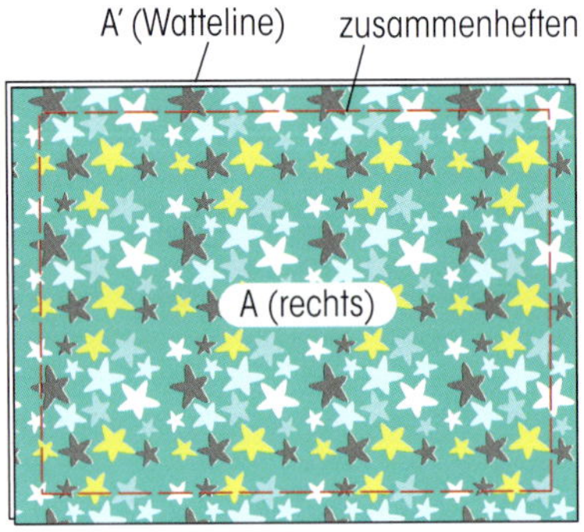

DIE BÄNDER

Genauso wie bei dem Band für die Fischgirlande (siehe S. 10) den Streifen **L** falten und 0,2 cm vom Rand zusammennähen. Anschließend in 4 gleich lange Stücke schneiden.

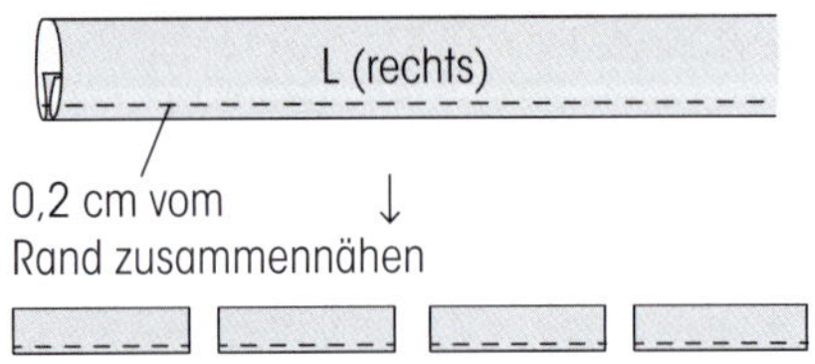

DAS MITTLERE RECHTECK

Genauso wie beim Zusammennähen der Fische für die Girlande (siehe S. 8) die Teile **D** und **E**, dann **F** und **G** zusammennähen.

Die Fische **D/E**, **F/G** und die Teile **H** und **I** mit dem Aufbügelvlies verstärken und wie auf dem Foto auf Seite 19 einer Einheit **B/B'** anordnen. Die Teile im Langettenstich oder engen Zickzackstich applizieren.

Die Mäuler im engen Zickzackstich sticken, anschließend ausgehend vom Maul von Fisch **D/E** eine Welle nach oben absteppen (siehe Foto). Nun für jedes Auge einen Knopf annähen.

Die Bänder **L** an diese Einheit **B/B'** stecken wie in der Zeichnung angegeben.

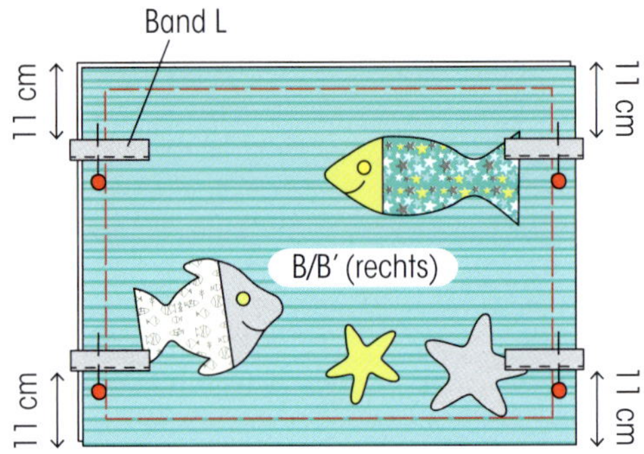

Die andere Einheit **B/B'** rechts auf rechts darauflegen, rundherum zusammennähen, dabei eine Öffnung lassen. Die Ecken abschneiden, durch die Öffnung auf rechts wenden und die Öffnung mit kleinen versteckten Stichen schließen.

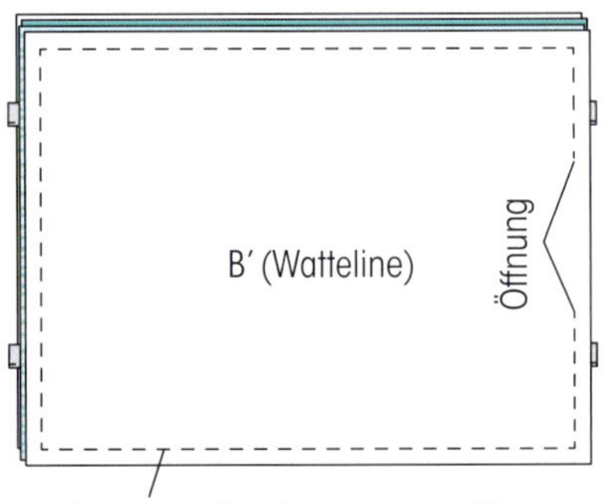

DAS LINKE RECHTECK

Anhand der Vorlagen 4, 5, 13 und 14 einen Fisch und zwei Seesterne auf ein Ensemble **A/A'** zeichnen.

Die andere Einheit **A/A'** rechts auf rechts darauflegen und rundherum zusammennähen, dabei drei Öffnungen lassen, wie in der Abbildung zu sehen.

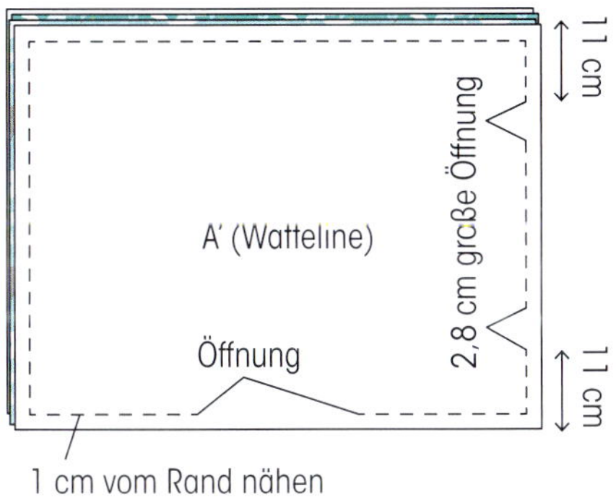

Die Ecken abschneiden, das Teil auf rechts wenden und nur die große Öffnung mit kleinen unsichtbaren Stichen schließen. (**Achtung:** In dieser Etappe die beiden kleinen Öffnungen noch nicht schließen).

Die Ränder von Fisch und Seesternen absteppen und als Auge einen Knopf annähen (siehe Foto).

DAS RECHTE RECHTECK

Genauso wie beim Zusammensetzen des Fisches für die Aufbewahrungsbox (siehe S. 11) zwei Seesterne aus den Teilen **J** und einen Fisch aus den Teilen **K** zusammennähen.

Die Rundungen einschneiden, auf rechts wenden und fest mit Füllwatte ausstopfen.

Die Bänder **X** in jede der beiden Öffnungen schieben und diese mit unsichtbaren kleinen Stichen schließen. Dann Fisch als Auge einen Knopf annähen.

Die Aufhängebänder der Seesterne und des Fisches auf der rechten Seite eines Teils **C/C'** anordnen wie in der Abbildung zu sehen. In der Nahtzugabe annähen.

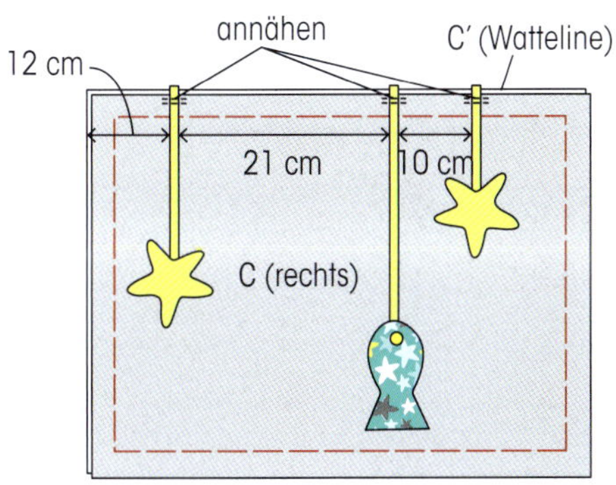

Die andere Einheit **C/C'** rechts auf rechts darauflegen, rundherum zusammennähen, dabei drei Öffnungen lassen, wie in der Abbildung zu sehen.

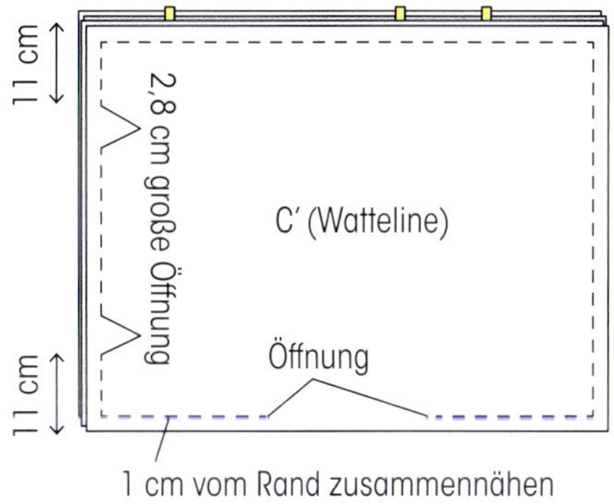

Die Ecken abschneiden, auf rechts wenden und nur die große Öffnung mit kleinen unsichtbaren Stichen schließen. (**Achtung:** In dieser Etappe die beiden kleinen Öffnungen noch nicht schließen).

Die Aufhängebänder auf ¾ ihrer Länge festnähen.

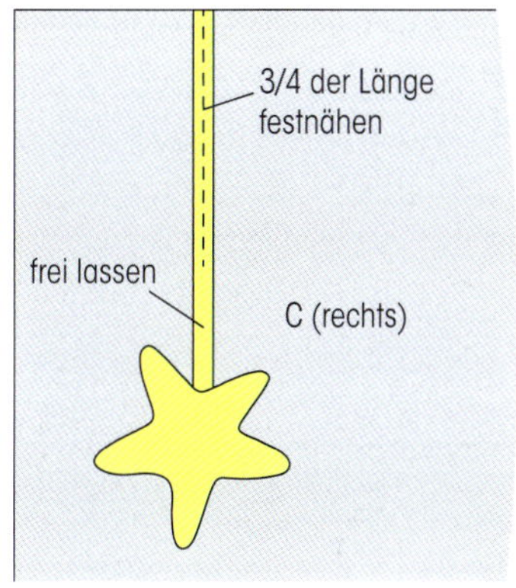

FERTIGSTELLUNG

Die anderen Enden der Bänder **L** in die Öffnungen des rechten und linken Rechtecks schieben. Die Öffnungen mit unsichtbaren kleinen Stichen schließen, die Bänder dabei gut fixieren.

Die Aufhängebänder in der Mitte falten, an jede Ecke jedes Rechtecks ein Band nähen (siehe Foto).

Die Enden der Bänder säumen und die Rechtecke mit den Bändern an ein Gitterbettchen binden.

Mädchenzimmer

QUADRATISCHES KISSEN

Maße: 35 x 35 cm

Vorlagen in der Beilage Seite **A**

MATERIAL

- 32 x 110 cm Pünktchenstoff in Fuchsia
- 15 x 20 cm anisgrüner Pünktchenstoff
- 20 x 40 cm Motivstoff »Tiere« von Mondial Tissus
- 40 x 40 cm Uni-Stoff in Fuchsia
- 25 x 25 cm himmelblauer Pünktchenstoff
- 25 x 38 cm doppelseitiges Aufbügelvlies
- 40 x 40 cm feine Watteline
- 1 Auge zum Aufkleben*
- 1 Kissen 35 x 35 cm

*Das Auge zum Aufkleben könnte von sehr kleinen Kindern verschluckt werden. Es lässt sich durch applizierten Filz ersetzen.

Anmerkung
Für das Sticken mit der Nähmaschine Garn in Kontrastfarbe wählen.

ZUSCHNEIDEN

Die Vorlagen enthalten keine Nahtzugabe.
Die angegebenen Maße sind ohne Nahtzugabe.
Die Stoffe rundherum mit 1 cm Zugabe zuschneiden, außer bei den Applikationen.

Aus dem Pünktchenstoff in Fuchsia zuschneiden:
1-mal 20 x 35 cm (**B**)
1-mal 27 x 35 cm (**D:** Rückseite Kissen)
1-mal 22 x 35 cm (**E:** Rückseite Kissen)

Aus dem anisgrünen Pünktchenstoff zuschneiden:
1-mal Vorlage 1 (**F:** Mähne)

Aus dem Motivstoff »Tiere« zuschneiden:
1-mal 15 x 35 cm (**A**)

Aus dem Uni-Stoff in Fuchsia zuschneiden:
1-mal 35 x 35 cm (**C:** Hintergrund)

Aus dem himmelblauen Pünktchenstoff zuschneiden:
1-mal Vorlage 2 (**G:** Pony)

Aus der feinen Watteline zuschneiden:
1-mal 35 x 35 cm (**C′**)

ANLEITUNG

Teil **A** rechts auf rechts oben auf Teil **B** legen, 1 cm vom Rand zusammennähen und die Naht auseinanderbügeln.

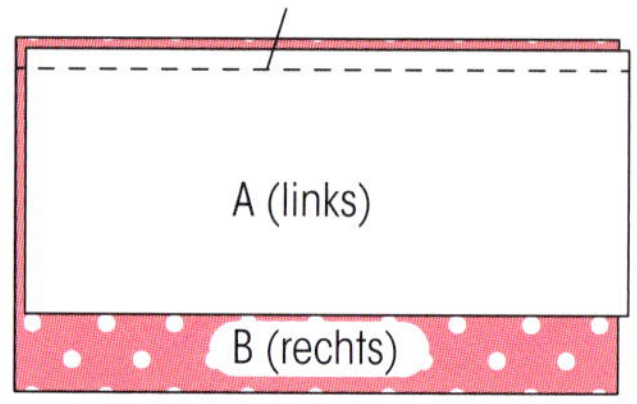

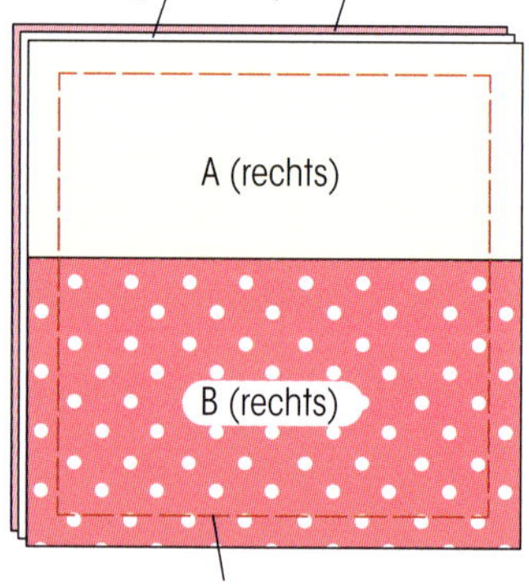

Die Einheit **A/B** und Teil **C** links auf links übereinanderlegen und die Watteline **C′** zwischen beide Lagen schieben. Rundherum zusammenheften.

Die Mähne **F** und das Pony **G** mit Aufbügelvlies verstärken.

Beides auf das Kissenvorderteil legen, dabei die Mähne passend über dem Pony platzieren und beides im Langettenstich applizieren. Anschließend Nüstern, Maul, Zaumzeug, Ohr und Hufe im engen Zickzackstich aufsticken. Zum Schluss das Auge aufkleben (siehe Foto).

Das Kissenvorderteil und die Teile **D** und **E** mit Hotelverschluss (siehe technische Erklärung S. 4) zusammennähen und die Kissenhülle auf rechts wenden.

DREI SPIELWÜRFEL

Maße: 8 x 8 x 8 cm

MATERIAL

- 12 x 35 cm Pünktchenstoff in Fuchsia
- 12 x 35 cm anisgrüner Pünktchenstoff
- 12 x 35 cm Uni-Stoff in Fuchsia
- 12 x 35 cm himmelblauer Pünktchenstoff
- 12 x 65 cm Motivstoff »Tiere« von Mondial Tissus
- 12 cm anisgrünes Seidenband, 0,7 cm breit, von Au ver à soie
- 1 dickes Filzherz in Fuchsia, 6,5 x 7,3 cm, und 1 anisgrüner Knopf in Blütenform
- Füllwatte
- Anisgrünes Stickgarn
- 1 Öse

ZUSCHNEIDEN

Die angegebenen Maße sind ohne Nahtzugabe.
Die Stoffe rundherum mit 1 cm Zugabe zuschneiden.

Aus dem Pünktchenstoff in Fuchsia zuschneiden:
3-mal 8 x 8 cm (pro Würfel ein Quadrat)

Aus dem anisgrünen Pünktchenstoff zuschneiden:
3-mal 8 x 8 cm (pro Würfel ein Quadrat)

Aus dem Uni-Stoff in Fuchsia zuschneiden:
3-mal 8 x 8 cm (pro Würfel ein Quadrat)

Aus dem himmelblauen Pünktchenstoff zuschneiden:
3-mal 8 x 8 cm (pro Würfel ein Quadrat)

Aus dem Motivstoff »Tiere« zuschneiden:
6-mal 8 x 8 cm mit einem Tiermotiv (pro Würfel zwei Quadrate)

ANLEITUNG

Die sechs Quadrate genau so zusammennähen wie die Quadrate beim rechteckigen Kissen (siehe S. 26).

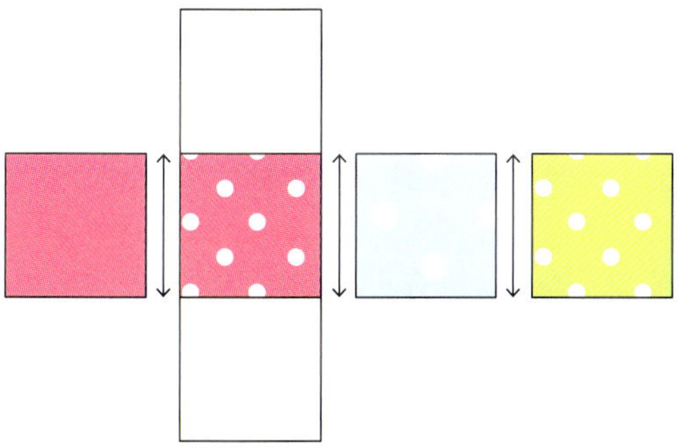

Anschließend die Ränder rechts auf rechts zusammennähen wie in der Abbildung angegeben.

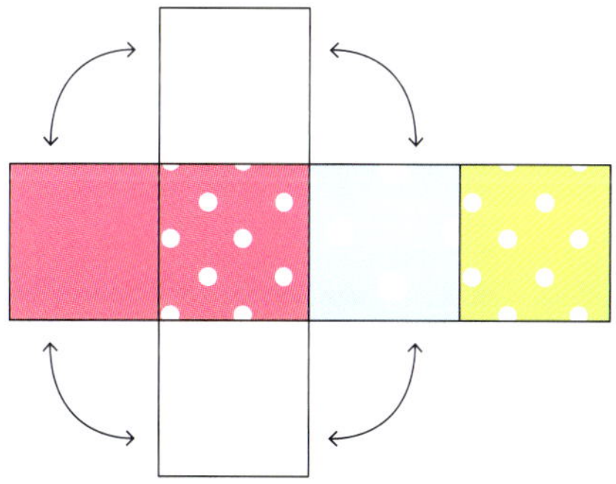

Weiter rechts auf rechts zusammennähen, bis ein Würfel entstanden ist, eine Seite offen lassen.

Auf rechts wenden, mit Watte ausstopfen und die Öffnung mit unsichtbaren kleinen Stichen schließen.

Auf dieselbe Weise zwei weitere Spielwürfel nähen. Beim letzten Würfel das in der Mitte gefaltete Band einfügen, das zuvor durch die Öse im Filzherz gezogen wurde, anschließend die Öffnung im Würfel mit unsichtbaren kleinen Stichen schließen.

Bei dem Filzherz in der Mitte den Blütenknopf annähen. Im Vorwärtsstich mit dreifädigem anisgrünem Stickgarn um den Rand sticken (siehe Foto).

RECHTECKIGES KISSEN

Maße: 24 x 38 cm

Vorlagen in der Beilage Seite **A**

MATERIAL

- 12 x 15 cm Pünktchenstoff in Fuchsia
- 28 x 35 cm anisgrüner Pünktchenstoff
- 22 x 28 cm Motivstoff »Tiere« von Mondial Tissus
- 42 x 55 cm Uni-Stoff in Fuchsia
- 15 x 20 cm himmelblauer Pünktchenstoff
- 25 x 38 cm doppelseitiges Aufbügelvlies
- 28 x 42 cm feine Watteline
- Füllwatte
- 2 Augen zum Aufkleben*

*Die Augen zum Aufkleben könnten von sehr kleinen Kindern verschluckt werden. Sie lassen sich durch applizierten Filz ersetzen.

Anmerkung
Für das Sticken mit der Nähmaschine Garn in Kontrastfarbe wählen.

ZUSCHNEIDEN

Die Vorlagen enthalten keine Nahtzugabe.
Die angegebenen Maße sind ohne Nahtzugabe.
Die Stoffe rundherum mit 1 cm Zugabe zuschneiden, außer bei den Applikationen.

Aus dem Pünktchenstoff in Fuchsia zuschneiden:
1-mal 8 x 8 cm (**C**)
1-mal Vorlage 5 (**G:** Maske)

Aus dem anisgrünen Pünktchenstoff zuschneiden:
1-mal 24 x 30 cm (**A**)

Aus dem Motivstoff »Tiere« zuschneiden:
2-mal 8 x 8 cm mit je 1 Tiermotiv (**B**)
1-mal Vorlage 4 (**H:** Schwanz)

Aus dem Uni-Stoff in Fuchsia zuschneiden:
1-mal 24 x 38 cm (**D:** Hintergrund)
1-mal 24 x 38 cm (**E:** Kissenrückseite)

Aus dem himmelblauen Pünktchenstoff zuschneiden:
1-mal Vorlage 3 (**F:** Waschbär)

Aus der feinen Watteline zuschneiden:
1-mal 24 x 38 cm (**D'**)

ANLEITUNG

Ein Teil **B** und Teil **C** rechts auf rechts übereinanderlegen, 1 cm vom Rand zusammennähen und die Naht auseinanderbügeln.

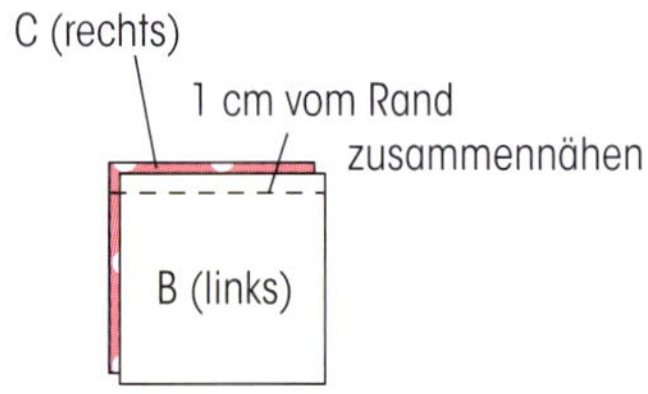

Auf dieselbe Weise das andere Teil B mit der Einheit **B/C** zusammennähen.

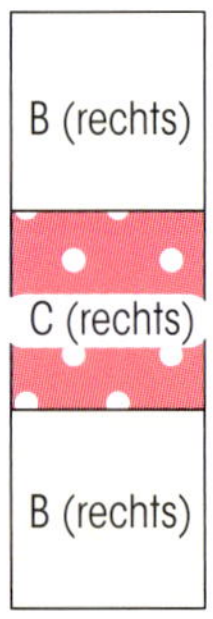

Auf dieselbe Weise das Teil **A** mit der Einheit **B/C/B** zusammennähen.

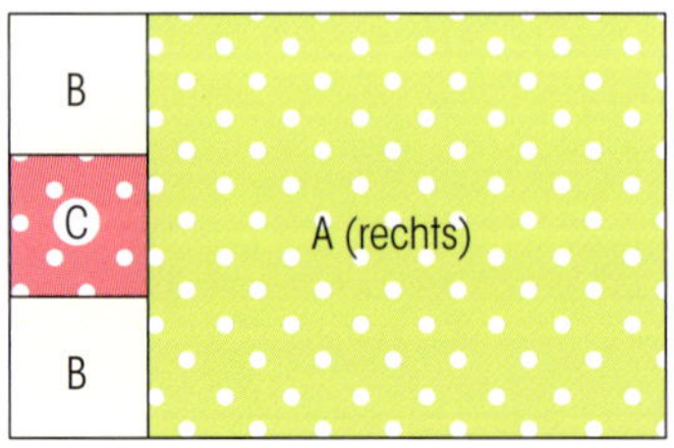

Auf dieselbe Weise wie beim Wattieren des quadratischen Kissens (siehe S. 24), Einheit **B/C/B/A** und Teil **D** übereinanderlegen, die Watteline **D'** zwischen beide Lagen schieben und rundherum zusammenheften.

Waschbär **F**, Maske **G** und Schwanz **H** mit dem Aufbügelvlies verstärken.

Die Teile auf dem Kissenvorderteil anordnen, dabei den Schwanz unter dem Waschbären platzieren und alles im Langettenstich applizieren. Anschließend die Maske im engen Zickzackstich applizieren, dann Schnauze, Nase, Zunge, Bauch, Streifen auf dem Schwanz und den Boden im engen Zickzackstich sticken. Zum Schluss die Augen aufkleben (siehe Foto).

Das Kissenvorderteil und Teil **E** rechts auf rechts übereinanderlegen, rundherum zusammennähen, dabei eine Öffnung von 10 cm lassen.

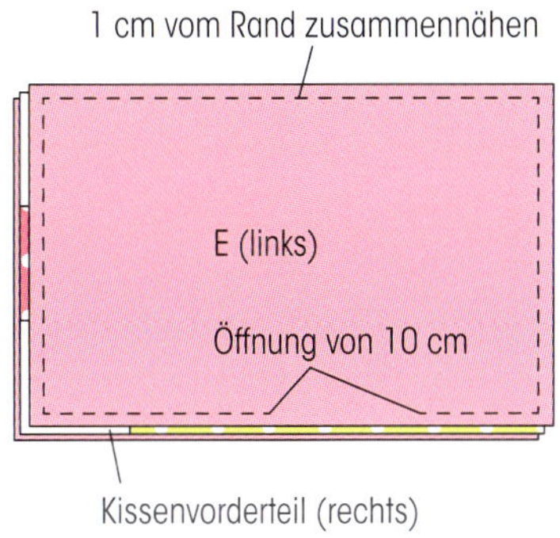

Die Ecken abschneiden, durch die Öffnung auf rechts wenden und mit Watte ausstopfen. Die Öffnung mit unsichtbaren kleinen Stichen schließen.

ORDNUNGSTASCHE FÜR SPIELZEUG ZUM AUFHÄNGEN

Maße: 30 x 40 cm

MATERIAL

- 35 x 45 cm Pünktchenstoff in Fuchsia
- 15 x 56 cm anisgrüner Pünktchenstoff
- 45 x 68 cm Uni-Stoff in Fuchsia
- 35 x 45 cm Motivstoff »Tiere« von Mondial Tissus
- 45 x 68 cm feine Watteline
- 24 cm anisgrünes Seidenband, 0,7 cm breit, von Au ver à soie
- 1 dickes Filzherz in Fuchsia, 6,5 x 7,3 cm, 1 anisgrüner Knopf in Blütenform
- Füllwatte
- Öse

ZUSCHNEIDEN

Die angegebenen Maße sind ohne Nahtzugabe. Die Stoffe rundherum mit 1 cm Zugabe zuschneiden.

Aus dem Pünktchenstoff in Fuchsia zuschneiden:
1-mal 30 x 40 cm **(C:** Grundfläche)

Aus dem anisgrünen Pünktchenstoff zuschneiden:
2-mal 4 x 52 cm (**G:** Aufhängung)

Aus dem Uni-Stoff in Fuchsia zuschneiden:
1-mal 30 x 30 cm (**B:** Taschenfutter)
1-mal 30 x 40 cm (**D:** Rückseite der Grundfläche)
1-mal 8 x 8 cm (**F:** kleines Kissen)

Aus dem Motivstoff »Tiere« zuschneiden:
1-mal 30 x 30 cm (**A:** Tasche)
1-mal 8 x 8 cm mit 1 Tiermotiv (**E:** kleines Kissen)

Aus der feinen Watteline zuschneiden:
1-mal 30 x 30 cm (**A'**)
1-mal 30 x 40 cm (**C'**)

ANLEITUNG

AUFHÄNGUNGEN

Auf dieselbe Weise wie bei der Fischgirlande (siehe S. 10) zwei Aufhängungen aus den Teilen **G** anfertigen, dabei an jedem Ende 1 cm umschlagen.

TASCHE

Die Watteline **A'** auf die linke Seite von Teil **A** legen, dann Teil **B** rechts auf rechts darüberlegen. 1 cm vom oberen Rand entfernt zusammennähen.

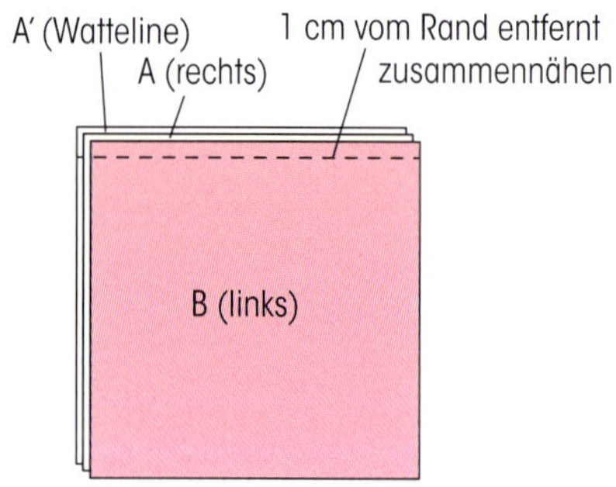

Teil **B** nach hinten umschlagen, 1 cm vom Rand absteppen.

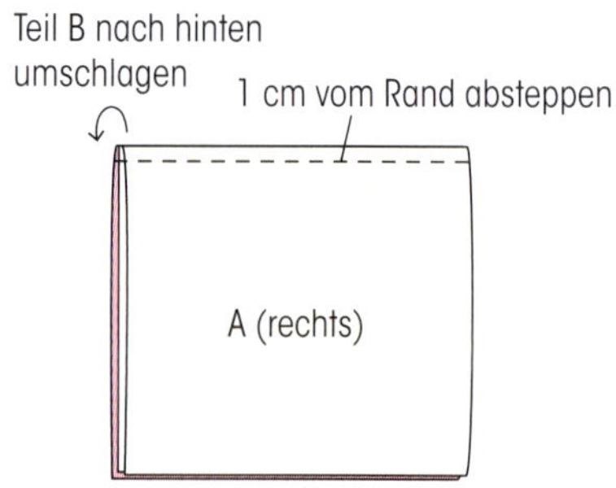

ZUSAMMENNÄHEN

Die Watteline **C'** auf die linke Seite von Teil **C** legen. Die Tasche **A/A'/B** unten auf die Einheit **C/C'** legen, dann Teil **D** rechts auf rechts darauflegen. Rundherum zusammennähen, dabei oben eine 25 cm große Öffnung lassen.

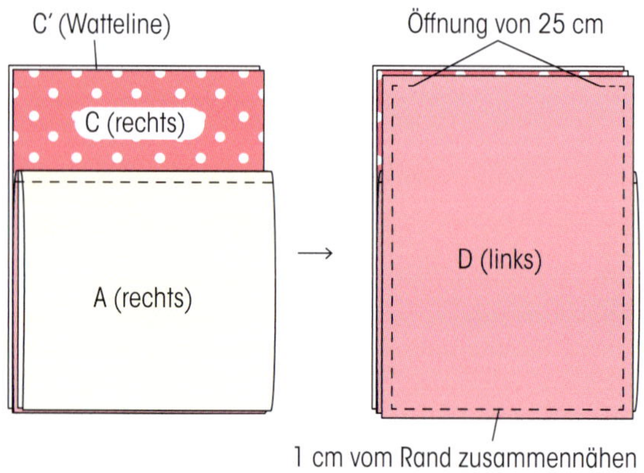

Die Ecken abschneiden, auf rechts wenden, Nahtzugaben an der Öffnung nach innen umschlagen und feststecken.

Die in der Mitte gefalteten Aufhängebänder einfügen, hierzu die Faltstelle zwischen die Stofflagen schieben, 0,5 cm von den Rändern absteppen.

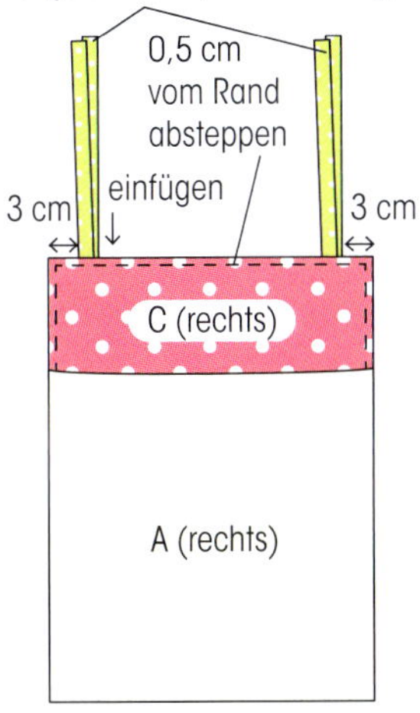

FERTIGSTELLUNG

Das Seidenband in der Mitte falten, durch die Öse im Filzherz fädeln und 3 cm von der Knickfalte einen Knoten machen.

Die Teile **E** und **F** rechts auf rechts übereinanderlegen, rundherum zusammennähen, dabei eine Öffnung lassen. Auf rechts wenden, mit Watte ausstopfen und die Öffnung schließen, dabei die Enden des Bandes einfügen.

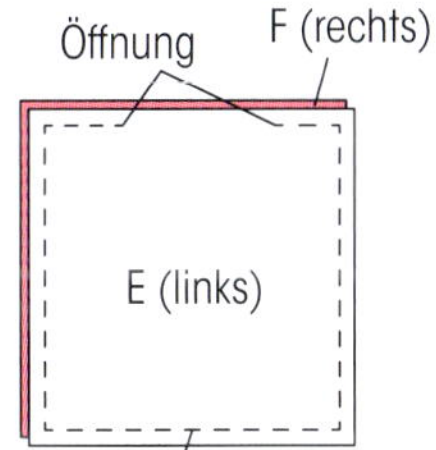

Das Herz auf der Vorderseite der Tasche platzieren, den Rand im Vorwärtsstich mit dreifädigem, anisgrünem Stickgarn auf der Tasche feststicken. Den Knopf in Blütenform in der Mitte auf das Herz nähen (siehe Foto).

Die Ordnungstasche ans Gitterbett hängen.

FÜRS BADEZIMMER

WINDELTASCHE

Maße: 20 x 24 cm

MATERIAL

- 26 x 58 cm Motivstoff »Herzen« von Stof, Art.-Nr. 6300.074
- 18 x 22 Motivstoff »Affen« von Stof, Art.-Nr. 6300.073
- 26 x 60 cm weißer Uni-Stoff
- 25 cm weiße Zackenlitze
- 1 weißer Kunststoffdruckknopf

ZUSCHNEIDEN

Die angegebenen Maße sind ohne Nahtzugabe. Die Stoffe rundherum mit 1 cm Zugabe zuschneiden.

Aus dem Motivstoff »Herzen« zuschneiden:
2-mal 20 x 22 cm (**A**)
1-mal 9 x 9 cm (**E:** Lasche)

Aus dem Motivstoff »Affen« zuschneiden:
1-mal 12 x 16 cm (**C:** aufgesetzte Tasche)

Aus dem weißen Uni-Stoff zuschneiden:
2-mal 20 x 22 cm (**B:** Futter)
1-mal 12 x 16 cm (**D:** Futter für die aufgesetzte Tasche)

ANLEITUNG

LASCHE

Teil **E** in der Mitte rechts auf rechts falten, unten offen lassen, die anderen Seiten zusammennähen und das Teil auf rechts wenden.

Die Zackenlitze an drei Seiten so anordnen, dass sie einige Millimeter vorschaut, 0,2 cm vom Rand entfernt absteppen (siehe Foto).

AUFGESETZTE TASCHE

Die Teile **C** und **D** rechts auf rechts übereinanderlegen, 1 cm vom oberen Rand entfernt zusammennähen und das Teil auf rechts wenden.

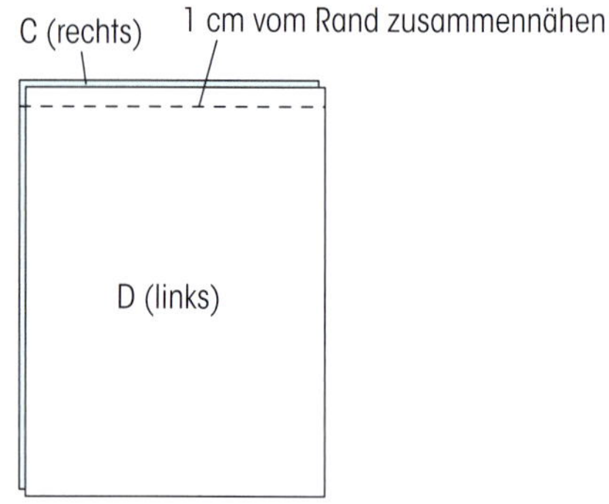

An den drei Seiten dieser Tasche 1 cm zu Teil **D** hin umschlagen.

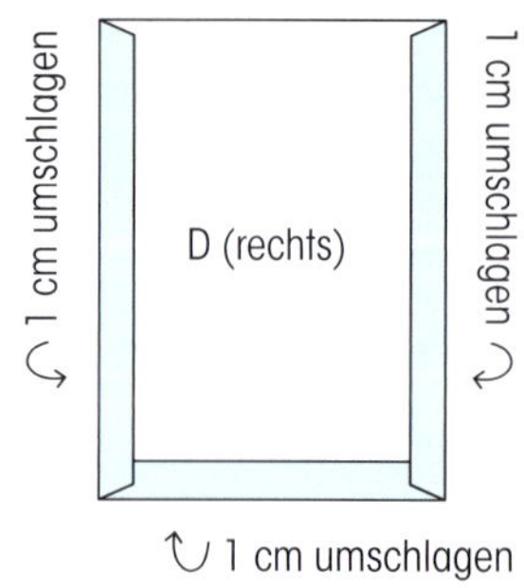

WINDELTASCHE

Die Aufsetztasche 3 cm vom unteren Rand auf ein Teil **A** legen. 0,2 cm von den Rändern absteppen, oben offen lassen.

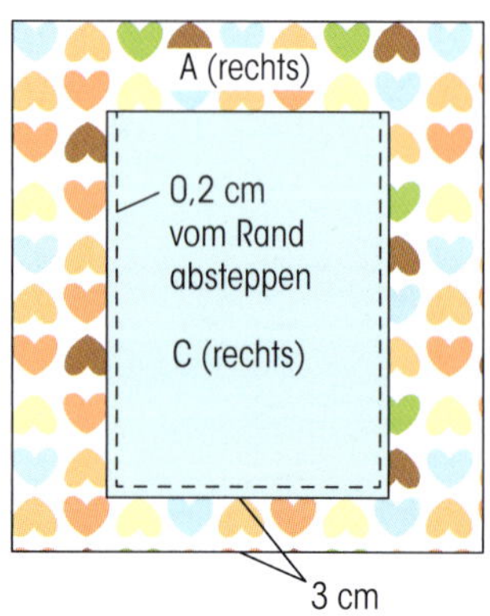

Die Teile **A** rechts auf rechts übereinanderlegen, an drei Seiten zusammennähen und auf rechts wenden.

Auf dieselbe Weise die Teile B für das Futter zusammennähen.

ZUSAMMENNÄHEN

Am oberen Rand der Windeltasche 1 cm nach links umschlagen und die Knickfalte deutlich markieren. Beim Futter ebenso verfahren.
Das Futter links auf links so in die Windeltasche schieben, dass die Seitennähte übereinstimmen. Die Lasche auf der Rückseite der Windeltasche zwischen die Stofflagen schieben und alles 0,2 cm vom Rand absteppen.

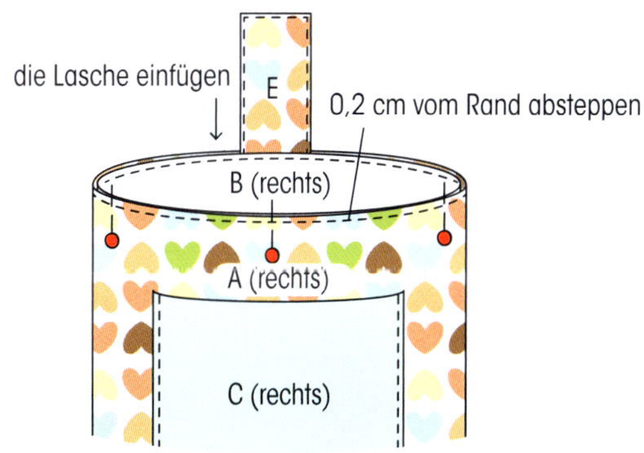

Den Druckknopf an der Lasche und an der Windeltasche anbringen.

KUSCHELTIER BIENE

Maße: ca. 33 x 40 cm

Vorlagen in der Beilage Seite **B**

MATERIAL

- 28 x 55 cm Motivstoff »Herzen« von Stof, Art.-Nr. 6300.074
- 25 x 40 cm Motivstoff »Bienen« von Stof, Art.-Nr. 6300.075
- 15 x 22 cm dunkelbrauner Stoff
- 28 x 38 cm feine Watteline
- 14 x 35 cm tannengrüner Filz
- Rest olivgrüner Filz
- Füllwatte

Anmerkung
Für das Sticken mit der Nähmaschine Garn in Kontrastfarbe wählen.

ZUSCHNEIDEN

Die Vorlagen enthalten keine Nahtzugabe.
Die angegebenen Maße sind ohne Nahtzugabe.
Die Stoffe rundherum mit 1 cm Zugabe zuschneiden, außer bei den Applikationen.

Aus dem Motivstoff »Herzen« zuschneiden:
2-mal Vorlage 11 (**A:** Körper)
1-mal Vorlage 12 (**B:** Standfläche)

Aus dem Motivstoff »Bienen« zuschneiden:
8-mal Vorlage 13 (**C:** Flügel)

Aus dem dunkelbraunen Stoff zuschneiden:
4-mal Vorlage 15 (**D:** Beine)

Aus der feinen Watteline zuschneiden:
1-mal Vorlage 11 (**A′:** Körper)
4-mal Vorlage 13 (**C′:** Flügel)

Aus dem tannengrünen Filz zuschneiden:
4-mal Vorlage 14 (**E:** Fühler)
2-Kreise mit 1,5 cm Durchmesser (**G:** Pupillen)

Aus dem olivgrünen Filz zuschneiden:
2-Kreise mit 2,6 cm Durchmesser (**F:** Augen)

ANLEITUNG

FLÜGEL

Zwei Teile **C** rechts auf rechts übereinanderlegen, ein Teil **C′** darüberlegen. Rundherum zusammennähen, nur die Unterseite offen lassen. Die Rundung einschneiden und auf rechts wenden.

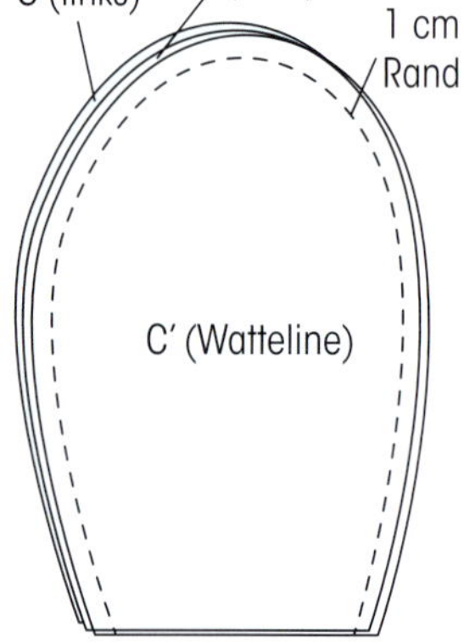

In der Mitte des Flügels eine geschwungene Linie absteppen (siehe Foto).

Auf dieselbe Weise die anderen Flügel mit den übrigen Teilen **C** und **C′** anfertigen.

FÜHLER UND BEINE

Genauso wie bei den Flügeln die Teile **E** für die Fühler zusammennähen. Mit Watte ausstopfen.

Genauso die Teile **D** für die Beine zusammennähen und ausstopfen.

BIENENKÖRPER

Die Watteline **A′** auf die linke Seite eines Teils **A** legen und rundherum zusammenheften, damit nichts verrutscht.

Die Augen **F** und **G** im engen Zickzackstich auf diese Einheit **A/A′** applizieren. Anschließend den Mund und die Streifen auf dem Körper im engen Zickzackstich sticken (siehe Foto).

Auf dieses Teil die Flügel wie abgebildet aufstecken. Das andere Teil **A** rechts auf rechts darauflegen und rundherum zusammennähen, nur die Unterseite offen lassen.

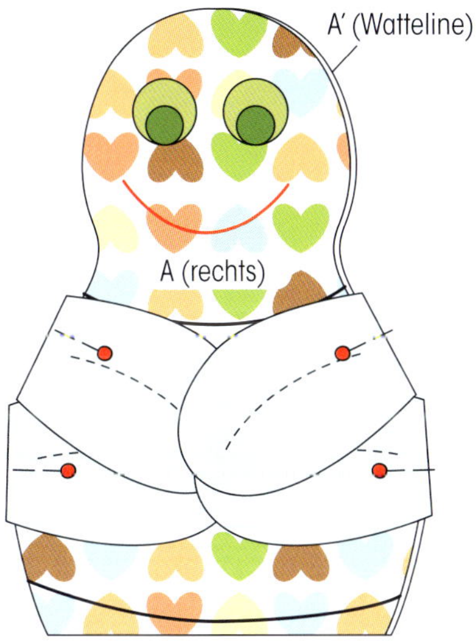

Teil **B** an die Standfläche des Körpers nähen, dabei vorne 12 cm offen lassen. Die Rundungen einschneiden, auf rechts wenden und fest mit Watte ausstopfen.

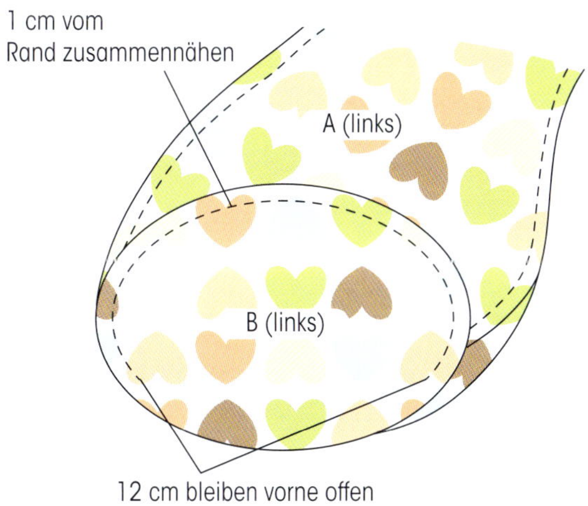

ZUSAMMENNÄHEN

Die Beine **D** in die Öffnung der Körperstandfläche schieben und beim Zunähen der Öffnung mit unsichtbaren kleinen Stichen die Beine mit festnähen.

Die Fühler **E** mit kleinen unsichtbaren Stichen oben an den Kopf nähen, dabei einen kleinen Umschlag nach innen machen.

ORDNUNGSTASCHE ZUM AUFHÄNGEN AN DER WAND

Maße: 30 x 38 cm

MATERIAL

- 42 x 68 cm Motivstoff »Herzen« von Stof, Art.-Nr. 6300.074
- 18 x 22 cm Motivstoff »Affen« von Stof, Art.-Nr. 6300.073
- 18 x 30 cm anisgrüner Stoff von Stof, Art.-Nr. 6300.076
- 18 x 48 cm weißer Uni-Stoff
- 35 x 42 cm feine Watteline
- 15 x 42 cm Aufbügelvlies
- 16 cm anisgrünes Schmuckband, 1 cm breit, von Rico Design
- 45 cm weiße Zackenlitze
- 1 weißer Kunststoffring mit 4 cm Durchmesser

ZUSCHNEIDEN

Die Vorlagen enthalten keine Nahtzugabe.
Die angegebenen Maße sind ohne Nahtzugabe.
Die Stoffe rundherum mit 1 cm Zugabe zuschneiden.

Aus dem Motivstoff »Herzen« zuschneiden:
2-mal Vorlage 10 (**A**)

Aus dem Motivstoff »Affen« zuschneiden:
1-mal 15 x 19 cm (**B:** mittlere Tasche mit Affenmotiv)

Aus dem anisgrünen Stoff zuschneiden:
2-mal 12 x 15 cm (**C:** Tasche)

Aus dem weißen Uni-Stoff zuschneiden:
1-mal 15 x 43 cm (**D:** Futter für die Tasche)

Aus der feinen Watteline zuschneiden:
1-mal Vorlage 10 (**A'**)

Aus dem anisgrünen Schmuckband zuschneiden:
2-mal 8 cm

ANLEITUNG

Die Bänder in der Mitte falten, durch den Kunststoffring ziehen und oben an Teil **A** feststecken.

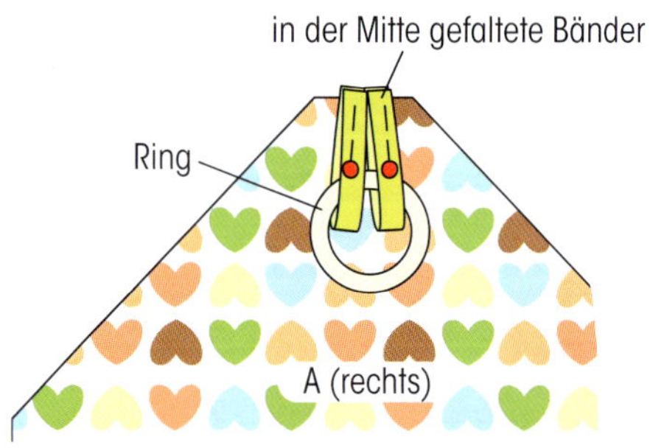

Das andere Teil **A** rechts auf rechts darauflegen, die Watteline **A'** auflegen und rundherum zusammennähen, nur unten 15 cm offen lassen.

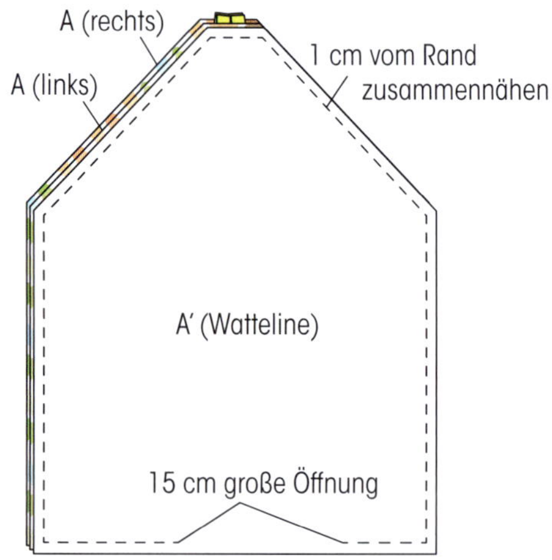

Die Ecken abschneiden, auf rechts wenden und die Öffnung zusammenheften, um sie provisorisch zu schließen.
Ein Teil **C** rechts auf rechts auf das Teil **B** legen, 1 cm vom Rand zusammennähen und die Naht auseinanderbügeln.

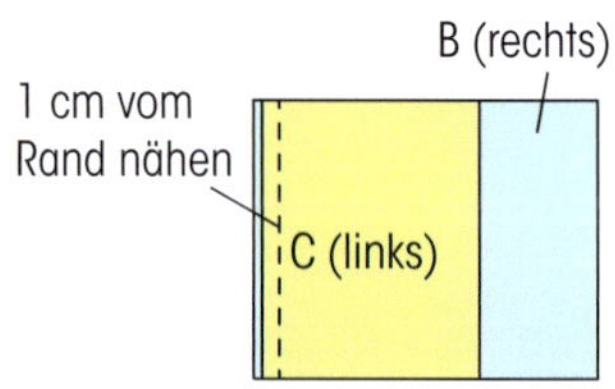

Genauso das andere Teil **C** mit der anderen Seite von Teil **B** zusammennähen, dann diese Einheit **C/B/C** mit Aufbügelvlies verstärken.

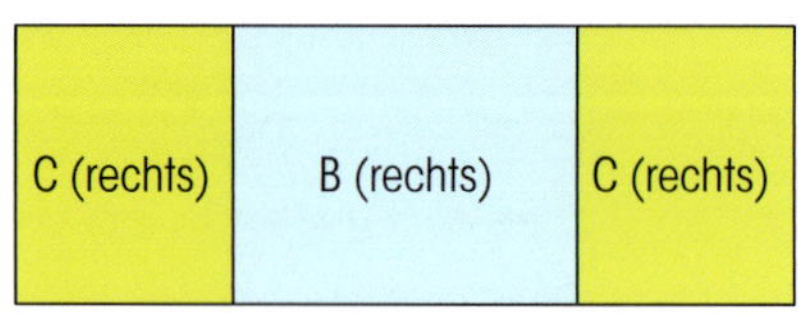

Vorlagen in der Beilage Seite B

ORDNUNGSTASCHE ZUM AUFHÄNGEN AN DER WAND

Die Einheit **C/B/C** und Teil **D** rechts auf rechts aufeinanderlegen, oben zusammennähen und auf rechts wenden.

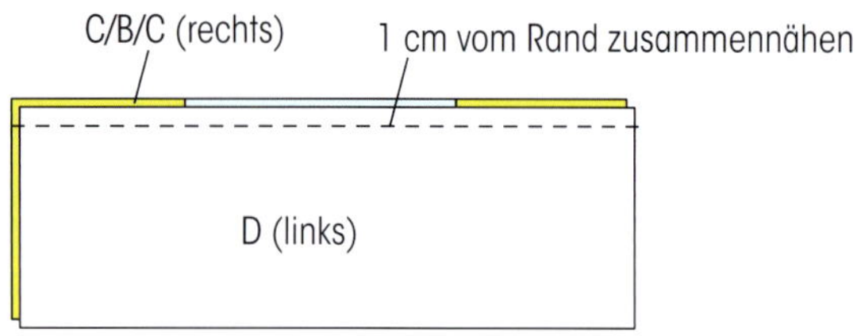

Die Zackenlitze am oberen Innenrand der Tasche so ansetzen, dass sie wenige Millimeter vorschaut, und 0,2 cm vom Rand absteppen.

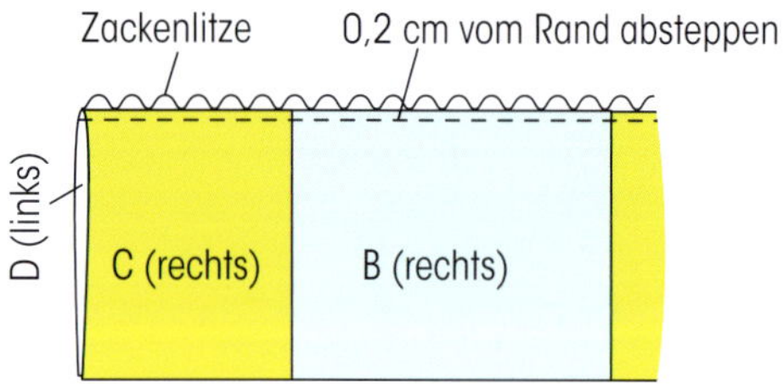

An den drei Seiten der Tasche 1 cm zum Futter **D** umschlagen.

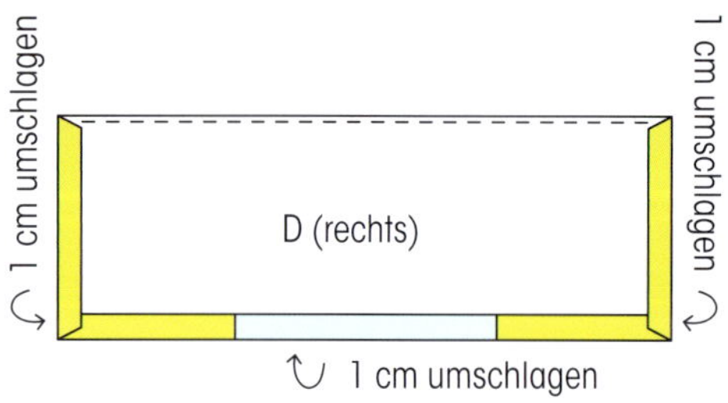

Auf das Teil **A** zwei Linien zur Orientierung zeichnen.

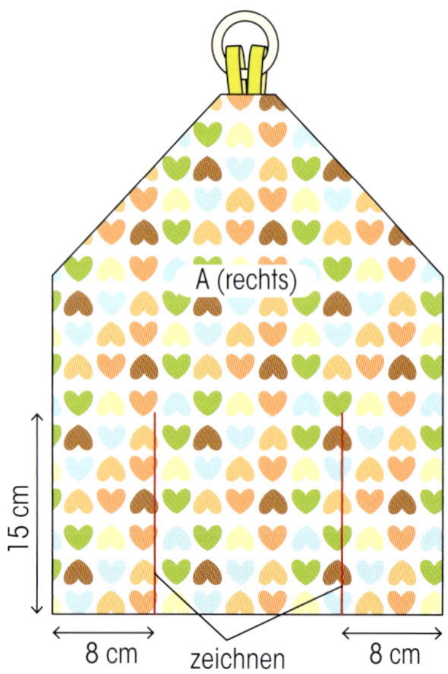

Die Trennungsnähte zwischen den Taschen jeweils über einer Orientierungslinie platzieren und absteppen. Die Seitenränder der Taschen mit den Seitenrändern der Unterlage übereinanderbringen und 0,2 cm vom Rand absteppen.

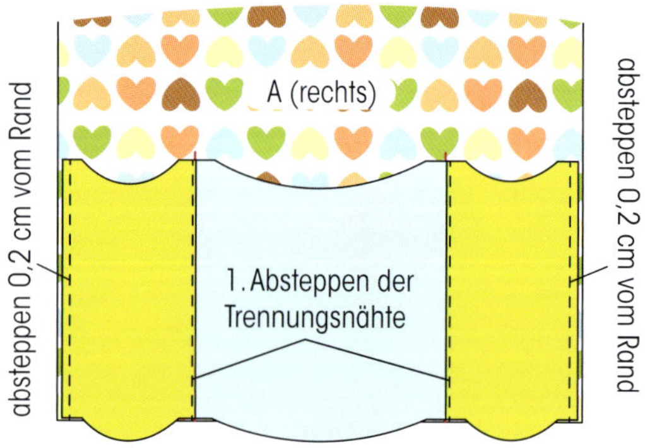

Jede Tasche in Form bringen, dazu den überschüssigen Stoff falten, feststecken und 0,2 cm vom unteren Rand durch alle Stofflagen absteppen. Den oberen Teil des Ordnungselements 0,5 cm von den Rändern absteppen.

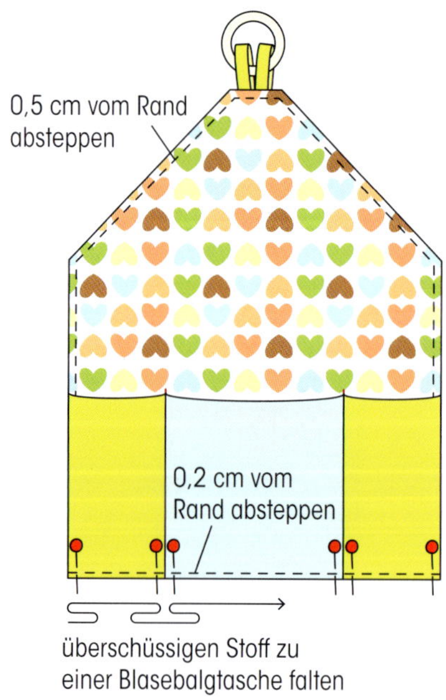

FROTTEE-KUSCHELTIER

Vorlagen in der Beilage Seite **B**

Maße: 28 x 28 cm

MATERIAL

- 32 x 32 cm türkiser Frottee
- 32 x 32 cm Motivstoff »Herzen« von Stof, Art.-Nr. 6300.074
- 15 x 30 cm Motivstoff »Affen« von Stof, Art.-Nr. 6300.073
- Füllwatte

ZUSCHNEIDEN

Die Vorlagen enthalten keine Nahtzugabe. Die angegebenen Maße sind ohne Nahtzugabe.
Die Stoffe rundherum mit 1 cm Zugabe zuschneiden.

Aus dem türkisen Frottee zuschneiden:
1-mal 30 x 30 cm (**A**)

Aus dem Motivstoff »Herzen« zuschneiden:
1-mal 30 x 30 cm (**B**)

Aus dem Motivstoff »Affen« zuschneiden:
2-mal Vorlage 9 (**C:** Kuscheltier)

ANLEITUNG

Die Teile **A** und **B** rechts auf rechts übereinanderlegen, rundherum 1 cm vom Rand zusammennähen, dabei an einer Seite 8 cm offen lassen.

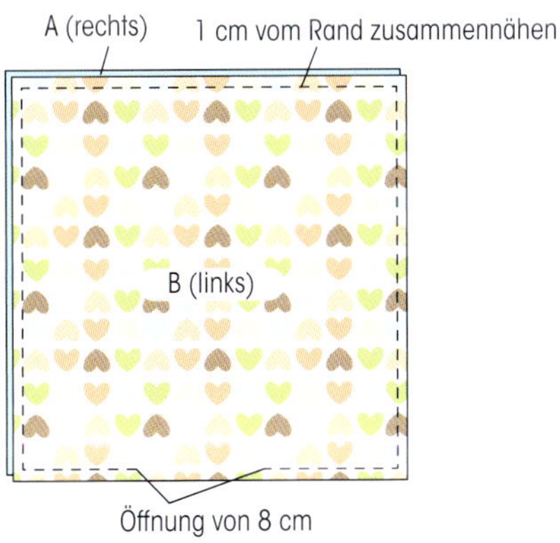

Auf rechts wenden und rundherum 0,2 cm vom Rand absteppen.

Genauso wie beim Zusammennähen der Ohren für das Kapuzenhandtuch (siehe S. 40) die Teile **C** rechts auf rechts aufeinanderlegen, zusammennähen, dabei die Unterseite offen lassen.

Die Rundungen einschneiden, auf rechts wenden. An der Unterseite 1 cm nach links umschlagen, den Kniff deutlich markieren und das Teil fest mit Watte ausstopfen.

Dieses Teil in der Mitte der Einheit **A/B** auf dem Frottee platzieren und die Unterseite annähen.

Die Ecken auf der Seite mit dem Herzchenstoff in der Mitte diagonal falten, dann nach oben zur Frotteeseite falten, um plissierte Ecken zu bekommen. Jedes Falten-»Paket« absteppen, damit es zusammenhält (siehe Foto).

KAPUZENHANDTUCH

Vorlagen in der Beilage Seite **B**

Maße: ca. 100 x 100 cm

MATERIAL

- 102 x 152 cm türkiser Frottee
- 25 x 30 cm Motivstoff »Affen« von Stof, Art.-Nr. 6300.073
- 15 x 36 cm Motivstoff »Herzen« von Stof, Art.-Nr. 6300.074
- 50 x 110 cm Motivstoff »Bienen« von Stof, Art.-Nr. 6300.075
- Rest feine Watteline
- 70 cm weiße Zackenlitze

ZUSCHNEIDEN

Die Vorlagen enthalten keine Nahtzugabe.
Die angegebenen Maße sind ohne Nahtzugabe.
Die Stoffe rundherum mit 1 cm Zugabe zuschneiden.

Aus dem türkisen Frottee zuschneiden:
1-mal 98 x 98 cm (**A**)
1 rechtwinkliges Dreieck 43 x 43 cm (**B:** Kapuze)
2-mal Vorlage 2 (**C:** Ohren)

Aus dem Motivstoff »Affen« zuschneiden:
1-mal 13,5 x 18,5 cm (**E:** Affe und Giraffe)
2-mal 8 x 10 cm (**F**: Affen)

Aus dem Motivstoff »Herzen« zuschneiden:
1-mal 7 x 8 cm (**G**)
1-mal 8 x 10 cm (**H**)
2-mal Vorlage 2 (**D:** Ohren)

Aus dem Motivstoff »Bienen« zuschneiden:
4 cm breites Schrägband, um ein Schrägband von 380 cm Länge anzufertigen (**I**: Schrägband)

Aus dem Watteline-Rest zuschneiden:
1-mal 8 x 10 cm (**F'**)

ANLEITUNG

Mithilfe der Vorlage 1 drei Ecken von Teil **A** abrunden.

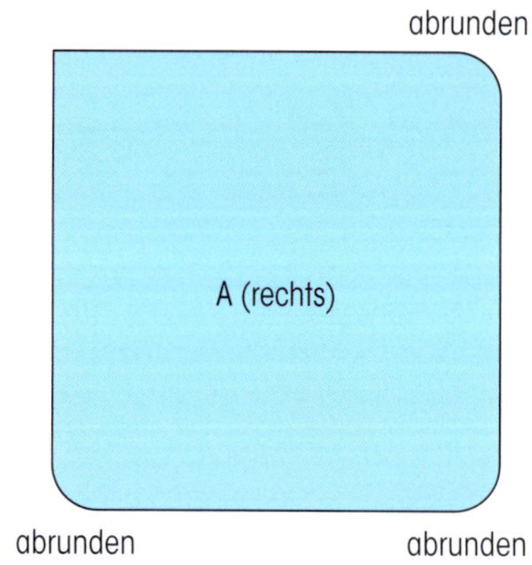

An Teil **E** an allen vier Seiten 1 cm nach links umschlagen, Teil **E** der Breite nach mittig auf Teil **B** legen. Die Zackenlitze zwischen beide Stofflagen einfügen, rundherum 0,2 cm vom Rand absteppen.

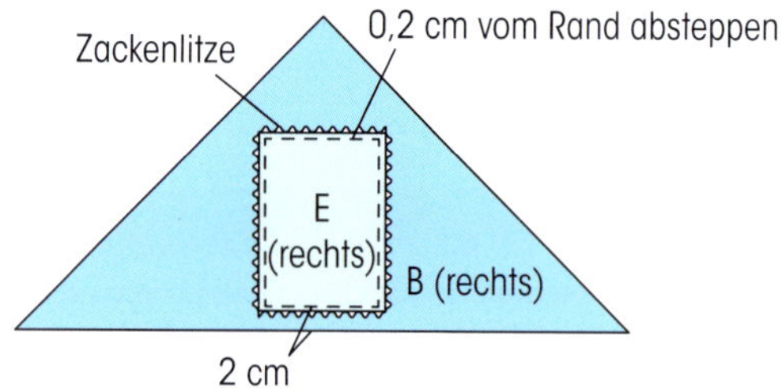

Aus den Streifen **I** das 1 cm breite Schrägband herstellen. Den diagonalen Rand von Teil **B** damit einfassen (siehe technische Erklärung S. 4).

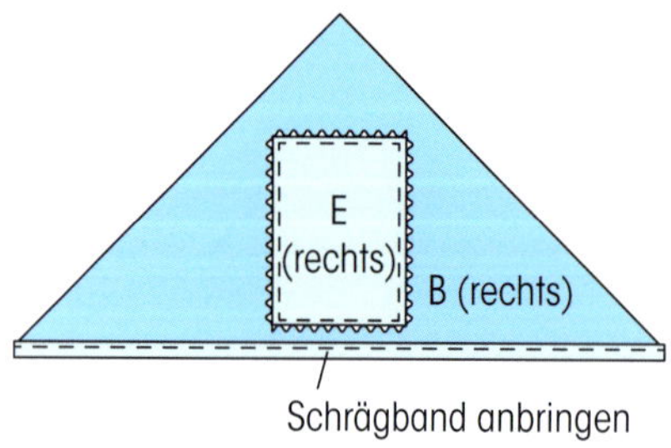

Die Teile **C** und **D** rechts auf rechts übereinanderlegen, 1 cm vom Rand zusammennähen, dabei die Unterseite offen lassen. Die Rundung einschneiden und auf rechts wenden.

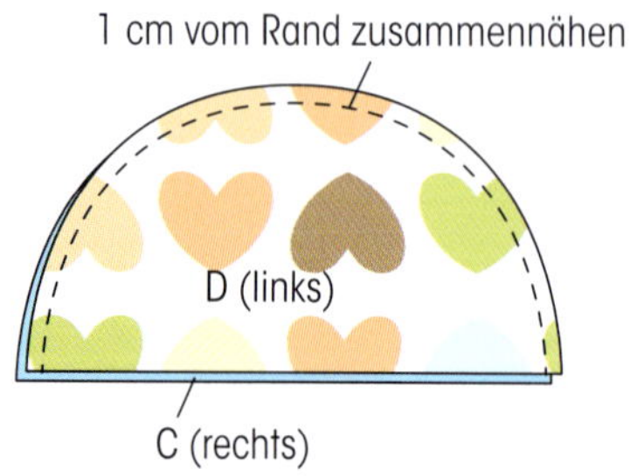

Die Einheit **C/D** auf der rechten Seite von Teil **A** an der nicht gerundeten Ecke anordnen und feststecken, wie in der Abbildung zu sehen.

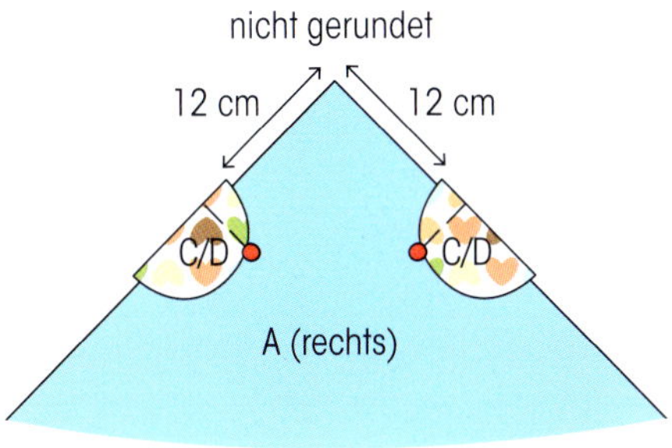

Die Einheit **B/E** rechts auf rechts darauflegen, 1 cm von den Rändern zusammennähen und auf rechts wenden.

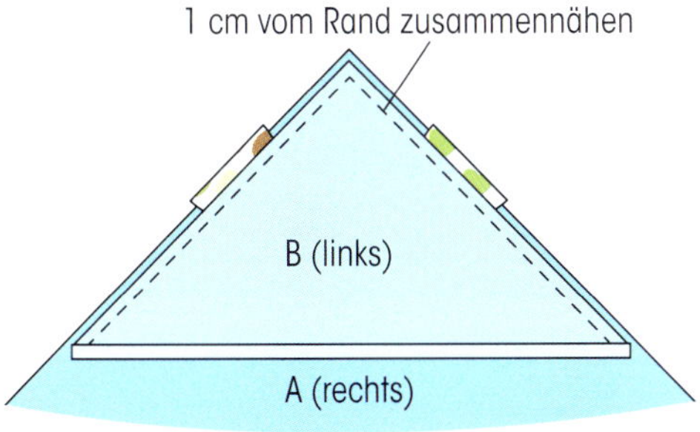

Genauso wie bei dem Band der Fischgirlande (siehe S. 10) die Teile **G** und **H** falten. 0,2 cm von den Rändern absteppen.

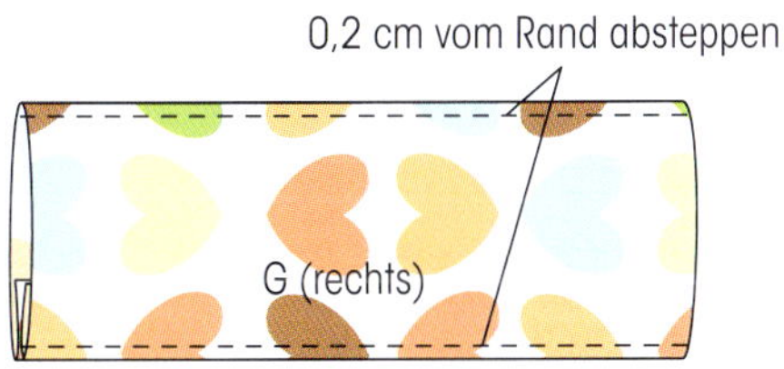

Die Teile **F** rechts auf rechts übereinanderlegen, die Watteline **F'** darauflegen und an drei Seiten zusammennähen. Auf rechts wenden und 0,5 cm von den Rändern absteppen.

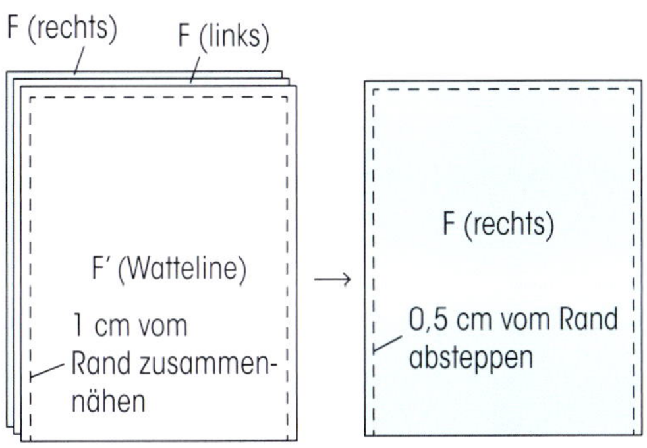

Die Teile **G** und **H**, in der Mitte gefaltet, und die Einheit **F/F'/F** am Rand von Teil **A** platzieren und feststecken. Das restliche Schrägband rund um das Kapuzenhandtuch nähen.

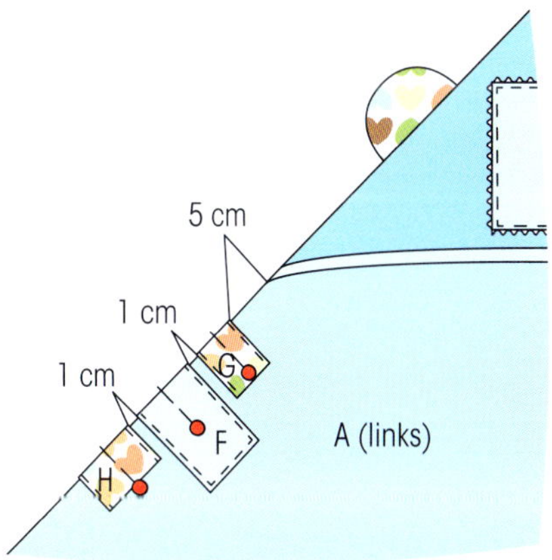

Die Teile **G**, **H** und **F/F'/F** nach außen umschlagen und zum Fixieren absteppen (siehe Foto).

WASCHHANDSCHUH

Maße: ca. 25 x 26 cm

Vorlagen in der Beilage Seite B

MATERIAL

- 30 x 55 cm türkiser Frottee
- 18 x 22 cm anisgrüner Stoff von Stof, Art.-Nr. 6300.076
- Rest Motivstoff »Herzen« von Stof, Art.-Nr. 6300.074
- Rest weißer Uni-Stoff
- Rest ockerfarbener Streifenstoff
- 15 x 35 cm doppelseitiges Aufbügelvlies
- 30 cm türkises Schrägband, 1 cm breit
- 14 cm anisgrünes Schmuckband, 1 cm breit, von Rico Design

Anmerkung
Für das Sticken mit der Nähmaschine Garn in Kontrastfarbe wählen.

ZUSCHNEIDEN

Die Vorlagen enthalten keine Nahtzugabe. Die angegebenen Maße sind ohne Nahtzugabe. Die Stoffe rundherum mit 1 cm Zugabe zuschneiden, außer bei den Applikationen.

Aus dem türkisen Frottee zuschneiden:
2-mal Vorlage 3 (**A:** Gesicht)
4-mal Vorlage 5 (**C:** Ohren)

Aus dem anisgrünen Stoff zuschneiden:
1-mal Vorlage 4 (**B:** unterer Gesichtsteil)

Aus dem Motivstoff »Herzen« zuschneiden:
2-mal Vorlage 6 (**D:** Innenteil der Ohren)

Aus dem weißen Uni-Stoff zuschneiden:
2-mal Vorlage 7 (**E:** Augen)

Aus dem ockerfarbenen Streifenstoff zuschneiden:
2-mal Vorlage 8 (**F:** Iris)

ANLEITUNG

Die Teile **B**, **D**, **E** und **F** mit dem Aufbügelvlies verstärken.

Teil **B** unten auf ein Teil **A** legen und applizieren: oben und unten im engen Zickzackstich absteppen. Anschließend die Zeichnungen von Mund und Nasenlöchern übertragen und im engen Zickzackstich aufsticken (siehe Foto).

Genauso die Teile **E** und **F** auf die Einheit **A/B** applizieren. Die Pupillen mit dunkelbraunem Garn im Plattstich aufsticken (siehe Foto).

Für die Ohren jedes Teil **D** auf die rechte Seite von einem Teil **C** applizieren (siehe Foto).

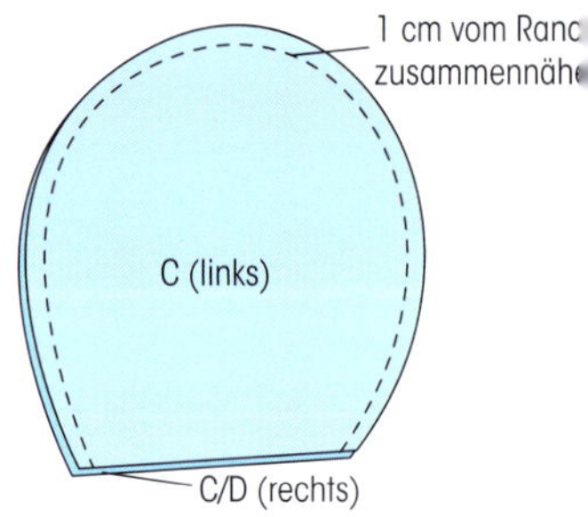

Die Einheiten **C/D** und die anderen Teile **C** rechts auf rechts übereinanderlegen und zusammennähen, dabei die Unterseite offen lassen. Die Rundungen einschneiden und auf rechts wenden.

Genauso wie beim Zusammennähen der Kapuze für das Kapuzenhandtuch (siehe S. 41) die Einheit **A/B** und das andere Teil **A** rechts auf rechts übereinanderlegen und die Ohren zwischen die beiden Stofflagen schieben. Auch die Enden des in der Mitte gefalteten Schmuckbandes 1 cm vom Rand zwischen die Stofflagen schieben, rundherum zusammennähen, nur unten offen lassen.

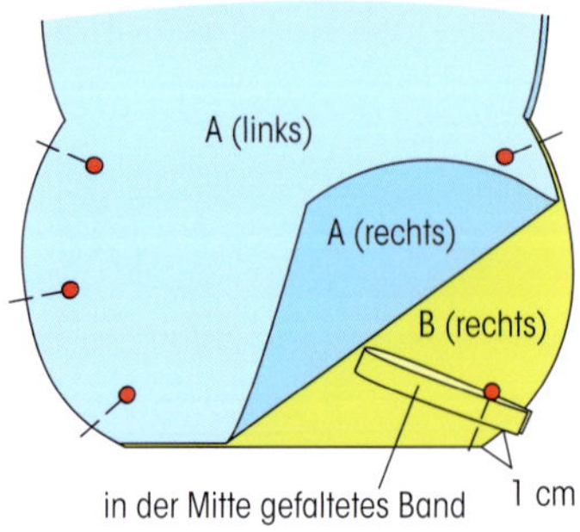

Den Handschuh auf rechts wenden, den Rand der Öffnung mit dem Schrägband einfassen (siehe technische Erklärung S. 4).

HANDTUCH

Maße: 40 x 40 cm

MATERIAL

- 42 x 42 cm türkiser Frottee
- 20 x 20 cm Motivstoff »Affen« von Stof, Art.-Nr. 6300.073
- 50 x 110 cm Motivstoff »Bienen« von Stof, Art.-Nr. 6300.075
- 60 cm weiße Zackenlitze
- 16 cm anisgrünes Schmuckband, 1 cm breit, von Rico Design

ZUSCHNEIDEN

Die angegebenen Maße sind ohne Nahtzugabe.
Die Stoffe rundherum mit 1 cm Zugabe zuschneiden.

Aus dem türkisen Frottee zuschneiden:
1-mal 38 x 38 cm (**A**)

Aus dem Motivstoff »Affen« zuschneiden:
1-mal 13,5 x 13,5 cm (**B:** 2 Affen)

Aus dem Motivstoff »Bienen« zuschneiden:
4 cm breites Schrägband, um ein Schrägband von insgesamt 150 cm Länge anzufertigen (**C:** Schrägband)

ANLEITUNG

Genauso wie bei Teil **A** des Kapuzenhandtuchs (siehe S. 40) jede Ecke von Teil **A** mithilfe der Vorlage 1 abrunden.

An den vier Seiten von Teil **B** 1 cm nach links umschlagen, Teil **B** auf eine Ecke von Teil **A** stecken. Die Zackenlitze zwischen die beiden Stofflagen schieben und rundherum 0,2 cm von den Rändern absteppen.

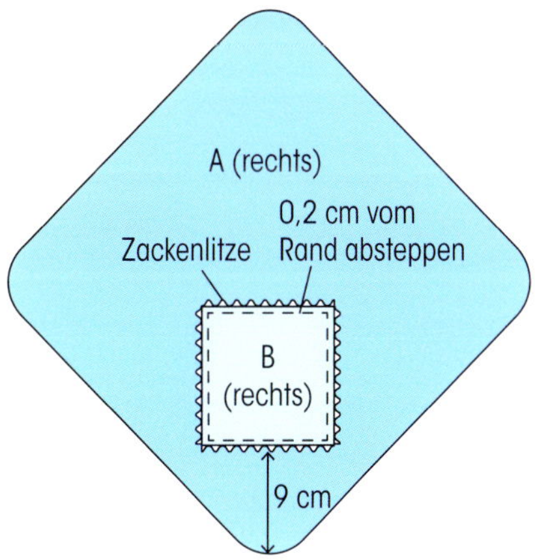

Das 1 cm breite Schrägband aus den Streifen **C** anfertigen. Alle Ränder von Teil **A** mit dem Schrägband einfassen (siehe technische Erklärungen S. 4).

Das Schmuckband in der Mitte zusammenfalten, die Enden säumen und an die gegenüberliegende Ecke von Teil **B** nähen (siehe Foto).

ESSENSZEIT

Tigex

TUCH

Maße: 40 x 40 cm

Vorlagen in der Beilage Seite B

MATERIAL

- 42 x 42 cm rosa Frottee
- Rest Motivstoff »Tulpe« von Stof, Art.-Nr. 2200.256
- 50 x 50 cm Motivstoff »Pflanze« von Stof, Art.-Nr. 2200.264
- 50 x 110 cm blauer Faux-Uni-Stoff »Rose« von Stof, Art.-Nr. 2200.262
- 20 x 20 cm doppelseitiges Aufbügelvlies

Anmerkung
Für das Sticken mit der Nähmaschine Garn in Kontrastfarbe wählen.

ZUSCHNEIDEN

Die Vorlagen enthalten keine Nahtzugabe.
Die angegebenen Maße sind ohne Nahtzugabe.
Die Stoffe rundherum mit 1 cm Zugabe zuschneiden, außer bei den Applikationen.

Aus dem rosa Frottee zuschneiden:
1-mal 38 x 38 cm (**A**)

Aus dem Motivstoff »Tulpe« zuschneiden:
1-mal Vorlage 2 (**B:** große Tulpe)

Aus dem Motivstoff »Pflanze« zuschneiden:
2-mal Vorlage 4 (**C:** großes Blatt)
4 cm breite Schrägbänder, um ein 60 cm langes Schrägband anzufertigen (**E:** Aufhängeband)

Aus dem blauen Faux-Uni-Stoff »Rose« zuschneiden:
4 cm breite Schrägbänder, um ein 150 cm langes Schrägband anzufertigen (**D:** Schrägband)

ANLEITUNG

Jede Ecke von Teil **A** mithilfe der Vorlage 1 abrunden.

Die Tulpe **B** und die Blätter **C** mit dem Aufbügelvlies verstärken.

Anhand des Fotos die Tulpe **B** und die Blätter **C** in der Diagonale von Teil **A** platzieren und im engen Zickzackstich applizieren. Den Stiel im engen Zickzackstich sticken.

Aus den Streifen **D** das 1 cm breite Schrägband anfertigen. Mit diesem Schrägband Teil **A** rundherum einfassen (siehe technische Erklärung S. 4).

Genauso das 1 cm breite Schrägband aus den Streifen **E** anfertigen. An jedem Ende einen kleinen Umschlag machen und 0,2 cm vom Rand absteppen.

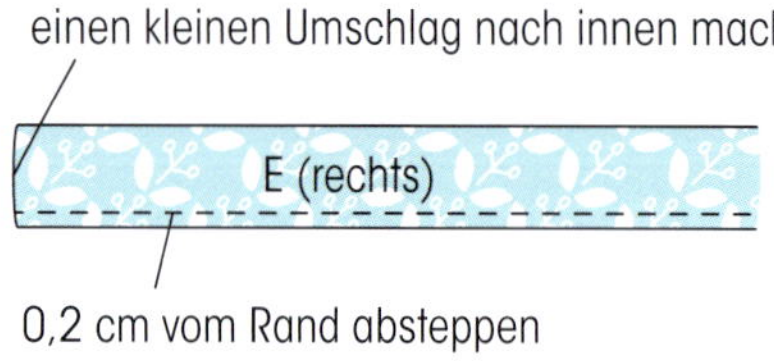

Dieses Aufhängeband **E** in der Mitte falten und so an eine Ecke des Handtuchs nähen, dass eine 10 cm hohe Schlaufe übersteht.

Aus den offenen Enden eine hübsche Schleife binden und diese mit unsichtbaren kleinen Stichen fixieren.

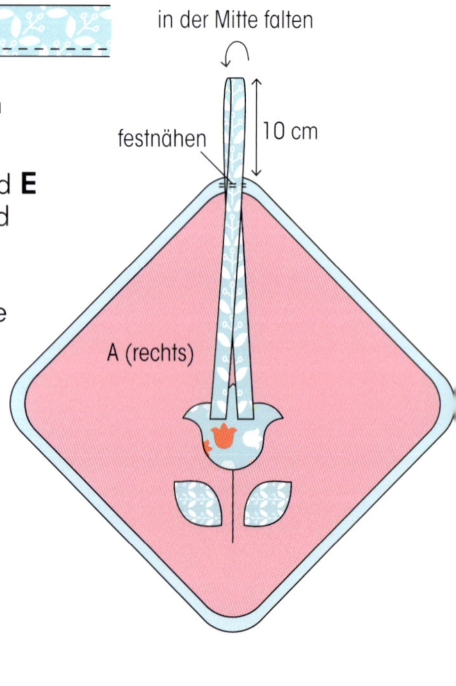

SPIELZEUGTULPE

Vorlagen in der Beilage Seite B

Maße: 9 x 14 cm (B x H)

MATERIAL

- 12 x 22 cm Motivstoff »Tulpe« von Stof, Art.-Nr. 2200.256
- 12 x 20 cm Motivstoff »Pflanze« von Stof, Art.-Nr. 2200.264
- 25 cm rosa Schmuckband, 1,2 cm breit, von Rico Design
- Füllwatte
- 1 weißer Kunststoffdruckknopf

ZUSCHNEIDEN

Die Vorlagen enthalten keine Nahtzugabe.
Die Stoffe rundherum mit 1 cm Zugabe zuschneiden.

Aus dem Motivstoff »Tulpe« zuschneiden:
2-mal Vorlage 3 symmetrisch (**A:** kleine Tulpe)

Aus dem Motivstoff »Pflanze« zuschneiden:
2-mal Vorlage 6 symmetrisch (**B:** Stängel und Blatt)

ANLEITUNG

Die Teile **A** rechts auf rechts übereinanderlegen und zusammennähen, dabei unten an der Tulpe eine Öffnung lassen. Die Rundungen einschneiden, auf rechts wenden und mit Watte ausstopfen.

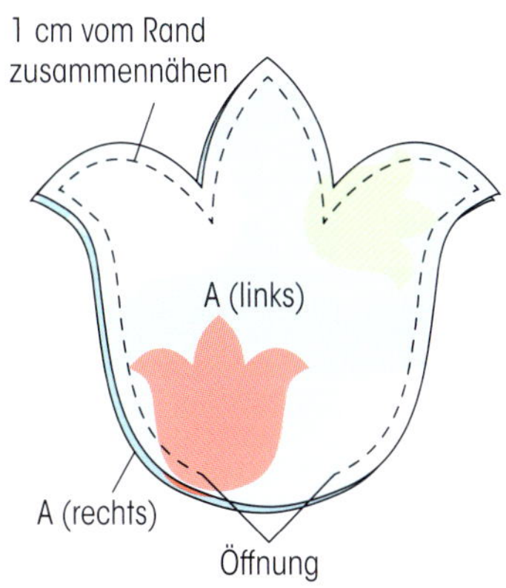

Genauso die Teile **B** zusammennähen, in diesem Fall oben am Stängel eine Öffnung lassen.

Die Rundungen einschneiden, auf rechts wenden und mit Watte ausstopfen.

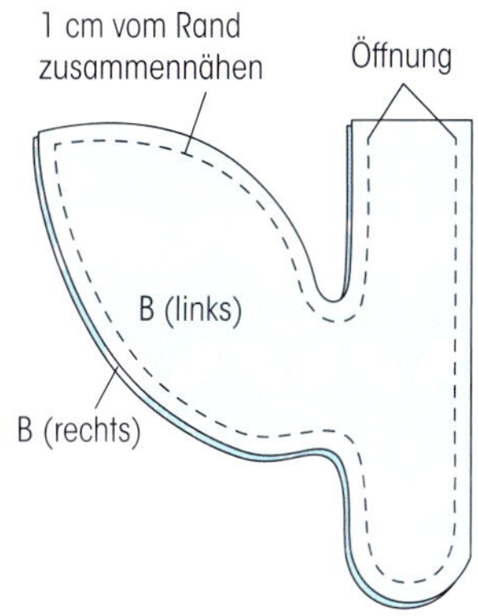

Das obere Ende des Stängels unten in die Tulpe schieben, dabei überschüssigen Stoff nach innen umschlagen und mit unsichtbaren kleinen Stichen festnähen.

Die Enden des Schmuckbandes säumen, ein Ende unten an den Stängel nähen und den Druckknopf so anbringen, dass eine Schlaufe entsteht.

Die Tulpe am Ring an der Sitzfläche des Hochstuhls anbringen (siehe S. 51).

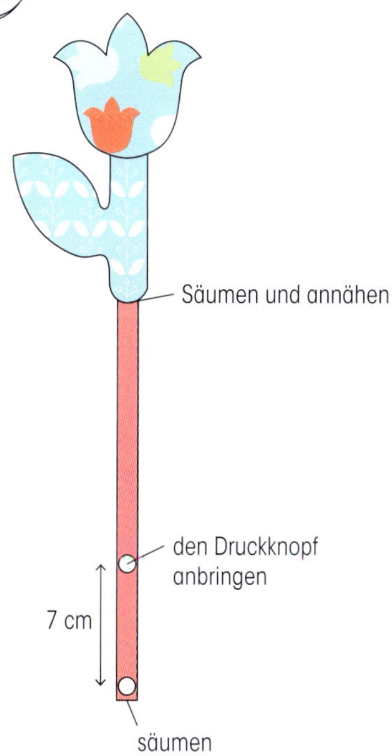

ZWEI LÄTZCHEN

Vorlagen in der Beilage Seite B

Maße: 23 x 35 cm

MATERIAL

- 38 x 50 cm rosa Frottee
- 38 x 38 cm Motivstoff »Tulpe« von Stof, Art.-Nr. 2200.256
- 50 x 110 cm Motivstoff »Pflanze« von Stof, Art.-Nr. 2200.264
- 50 x 50 cm blauer Faux-Uni-Stoff »Rose« von Stof, Art.-Nr. 2200.262
- Rest doppelseitiges Aufbügelvlies
- 2 weiße Kunststoffdruckknöpfe
- 1 rote Schleife

Anmerkung
Für das Sticken mit der Nähmaschine Garn in Kontrastfarbe wählen.

ZUSCHNEIDEN

Die Vorlagen enthalten keine Nahtzugabe.
Die Stoffe rundherum mit 1 cm Zugabe zuschneiden außer bei Vorlage 7 und außer bei den Applikationen.

Aus dem rosa Frottee zuschneiden:
1-mal Vorlage 7 spiegelbildlich (**B:** Futter des Blumen-Lätzchens)
1-mal Vorlage 7 (**E:** Frottee-Lätzchen)

Aus dem Motivstoff »Tulpe« zuschneiden:
1-mal Vorlage 7 (**A:** Blumen-Lätzchen)
1-mal Vorlage 3 (**G:** kleine Tulpe)

Aus dem Motivstoff »Pflanze« zuschneiden:
2-mal Vorlage 8 (**C:** Kragen)
4 cm breite Schrägstreifen, um ein 130 cm langes Schrägband anzufertigen (**D:** Schrägband)
1-mal Vorlage 7 spiegelbildlich (**F:** Futter des Frottee-Lätzchens)
2-mal Vorlage 5 (**H:** kleines Blatt)

Aus dem blauen Faux-Uni-Stoff »Rose« zuschneiden:
4 cm breite Schrägstreifen, um ein 130 cm langes Schrägband anzufertigen (**I:** Schrägband)

ANLEITUNG

BLUMEN-LÄTZCHEN

Die Teile **C** rechts auf rechts übereinanderlegen, zusammennähen, dabei oben offen lassen. Die Rundungen einschneiden und auf rechts wenden.

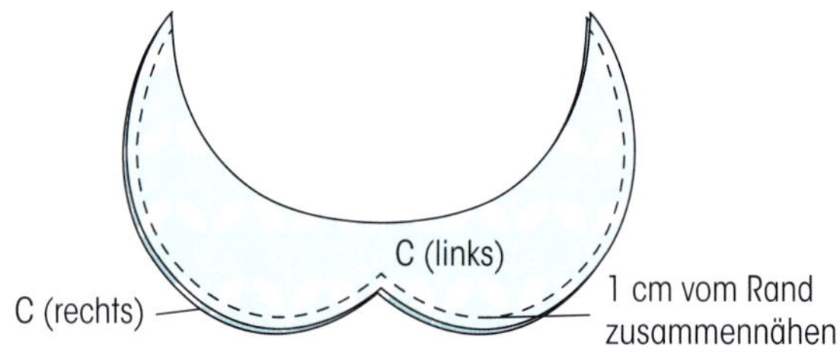

Die Teile **A** und **B** links auf links übereinanderlegen und rundherum zusammenstecken. Den Kragen **C** oben so an das Lätzchen stecken, dass die Ränder übereinanderliegen.

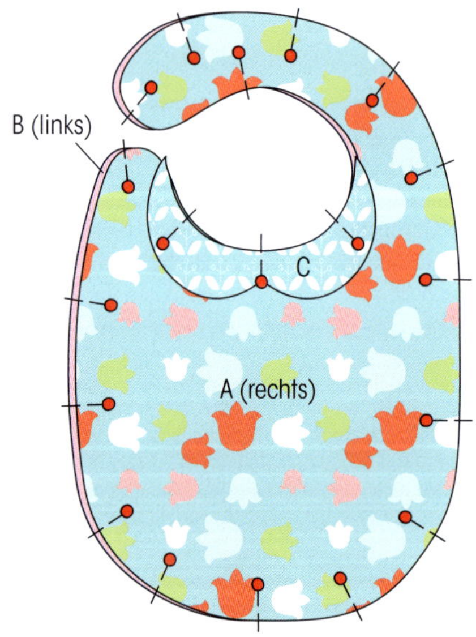

Aus den Streifen **D** das 1 cm breite Schrägband anfertigen. Den Rand des Lätzchens damit einfassen (siehe technische Erklärung S. 4).

Die rote Schleife in der Mitte des Kragens annähen und den Druckknopf an der offenen Stelle oben anbringen.

FROTTEE-LÄTZCHEN

Die Tulpe **G** und die Blätter **H** mit dem Aufbügelvlies verstärken.

Anhand des Fotos die Tulpe **G** und die Blätter **H** auf Teil E anordnen und im engen Zickzackstich applizieren. Den Stängel im engen Zickzackstich sticken.

Das Frottee-Lätzchen genau so wie das Blumen-Lätzchen aus dem Teilen **E**, **F** und **I** anfertigen. Den Druckknopf anbringen.

SITZKISSEN FÜR DEN HOCHSTUHL

Vorlagen in der Beilage Seite B

Maße: 30 x 30 cm + 30 cm Höhe

MATERIAL

- 60 x 110 cm Motivstoff »Tulpe« von Stof, Art.-Nr. 2200.256
- 35 x 100 cm blauer Faux-Uni-Stoff »Rose« von Stof, Art.-Nr. 2200.262
- 68 x 110 cm feine Watteline
- 28 x 30 cm doppelseitiges Aufbügelvlies
- 106 cm rosa Schmuckband, 1,2 cm breit, von Rico Design
- 1 weißer Kunststoffring mit 4 cm Durchmesser

Anmerkung
Für das Sticken mit der Nähmaschine Garn in Kontrastfarbe wählen.

ZUSCHNEIDEN

Die Vorlagen enthalten keine Nahtzugabe.
Die angegebenen Maße sind ohne Nahtzugabe.
Die Stoffe rundherum mit 1 cm Zugabe zuschneiden.

Aus dem Motivstoff »Tulpe«, doppelt genommen, zuschneiden:
1-mal Vorlage 10 (**A:** Rückenteil innen)
1-mal Vorlage 9 (**C:** Rückenteil außen)

Aus dem Motivstoff »Tulpe«, einfach genommen, zuschneiden:
1-mal 30 x 50 cm (**D:** Sitzfläche)

Aus dem blauen Faux-Uni-Stoff »Rose«, doppelt genommen, zuschneiden:
1-mal Vorlage 9 (**B:** Rückenteil außen)

Aus dem blauen Faux-Uni-Stoff »Rose«, einfach genommen, zuschneiden:
1-mal 30 x 50 cm (**E:** Sitzfläche)

Aus der feinen Watteline zuschneiden:
2-mal Vorlage 9 (**X:** Rückenteil außen)
2-mal 30 x 50 cm (**Y:** Sitzfläche)

Aus dem rosa Schmuckband zuschneiden:
4-mal 22 cm und 1-mal 18 cm

ANLEITUNG

RÜCKENTEIL

Das Teil **A** mit Aufbügelvlies verstärken und in der Breite mittig unten auf Teil **B** legen. Ein Teil Watteline **X** auf die linke Seite der Einheit **A/B** legen und rundherum zusammenheften, damit nichts verrutscht, dann das Teil **A** im engen Zickzackstich applizieren.

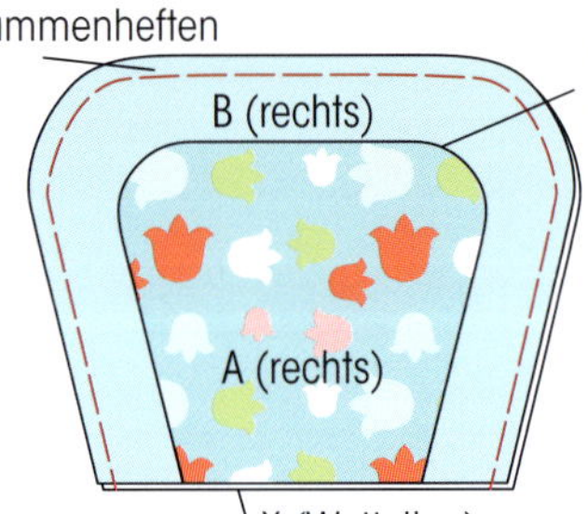

Das andere Stück Watteline **X** genauso auf die linke Seite von Teil **C** legen, rundherum zusammenheften, damit nichts verrutscht.

Zwei 22 cm lange Bänder auf der Einheit **A/B/X** anbringen wie auf der Abbildung zu sehen. Die Einheit **C/X** rechts auf rechts darüberlegen. Rundherum zusammennähen, nur die Unterseite offen lassen.

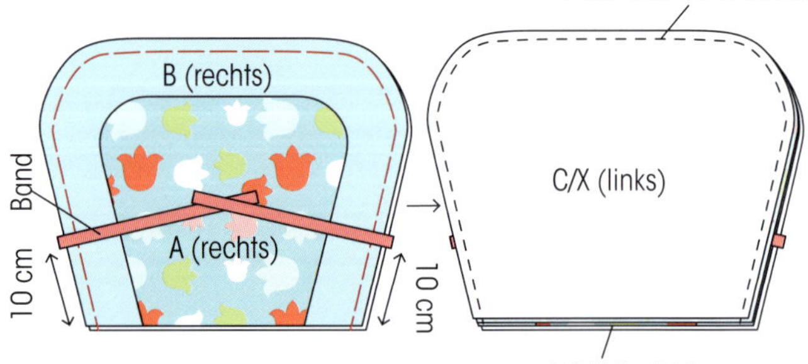

Die Rundungen einschneiden, auf rechts wenden und das Rückenteil in Form bringen.

SITZFLÄCHE

Jede Ecke der Teile **D**, **E** und **Y** mithilfe der Vorlage 11 abrunden.

Genauso wie beim Rückenteil ein Teil Watteline **Y** auf die linke Seite von Teil **D** legen und rundherum zusammenheften, damit nichts verrutscht. Ebenso mit Teil **E** und dem anderen Teil Watteline **Y** verfahren.

Das 18 cm lange, in der Mitte zusammengefaltete Band durch den Ring führen und die Schlaufe absteppen,

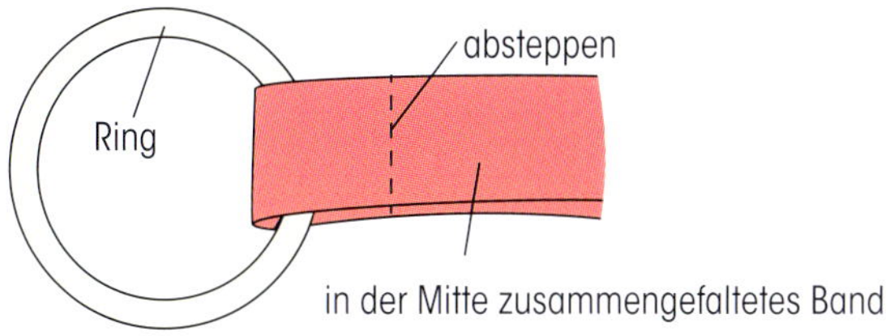

Dieses Teil und zwei weitere 22 cm lange Bänder auf die Einheit **D/Y** legen wie in der Abbildung zu sehen. Die Einheit **E/Y** rechts auf rechts darüberlegen. Rundherum zusammennähen, nur oben in der Mitte eine Öffnung von 32 cm lassen.

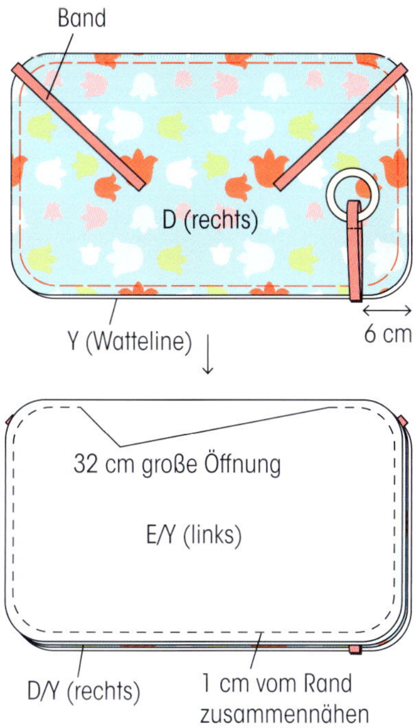

Die Rundungen einschneiden, auf rechts wenden und die Sitzfläche in Form bringen.

ZUSAMMENNÄHEN

Die Nahtzugaben von der Unterseite des Rückenteils rechts auf rechts auf die Nahtzugabe der Öffnung an der Sitzfläche (Nahtzugabe von Teil **D**) legen, 1 cm vom Rand entfernt zusammennähen.

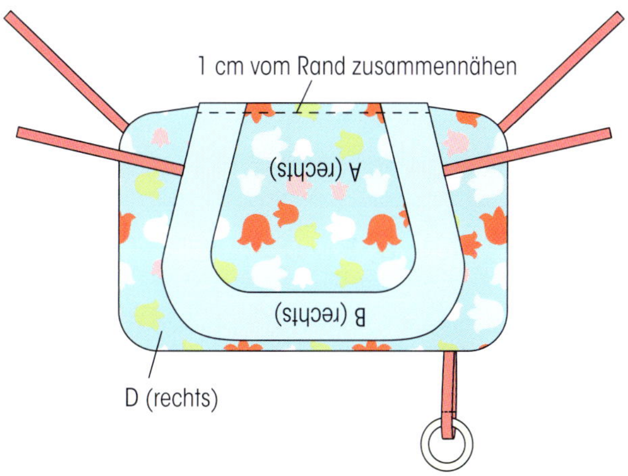

Alle Nahtzugaben nach innen in die Sitzfläche umschlagen, die Öffnung mit unsichtbaren kleinen Stichen schließen.

Die Seiten der Sitzfläche 10 cm vom Rand absteppen, damit sich die Seitenteile nach oben falten lassen.

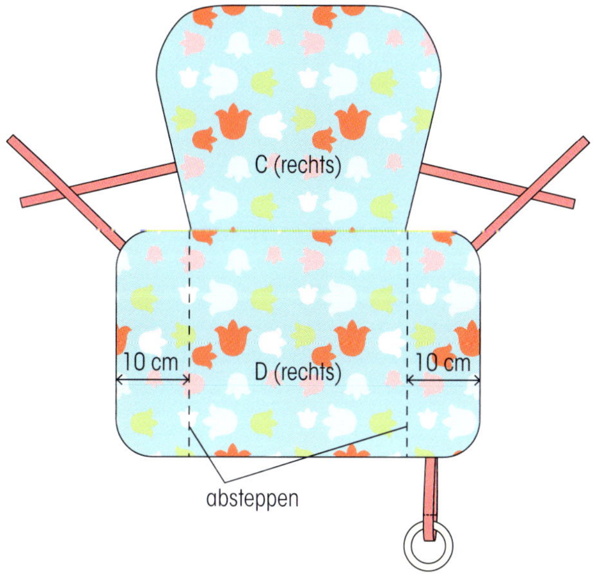

Das Sitzkissen mit den Bändern am Hochstuhl befestigen.

NEUGEBORENEN-AUSSTATTUNG

STECKKISSEN

Maße: ca. 45 x 75 cm

MATERIAL

- 80 x 100 cm Motivstoff »Schafe« von Stof, Art.-Nr. 4504.624
- 82 x 100 cm Motivstoff »Mond und Sterne« von Stof, Art.-Nr. 4507.617
- Rest Motivstoff »Tiere« von Stof, Art.-Nr. 4505.621
- 98 x 138 cm feine Watteline
- Rest doppelseitiges Aufbügelvlies
- 45 cm anisgrünes Schmuckband, 1 cm breit, von Rico Design
- 7 weiße Kunststoffdruckknöpfe

Anmerkung
Für das Sticken mit der Nähmaschine Garn in Kontrastfarbe wählen.

ZUSCHNEIDEN

Die angegebenen Maße sind ohne Nahtzugabe. Die Stoffe rundherum mit 1 cm Zugabe zuschneiden, außer bei den Applikationen.

Aus dem Motivstoff »Schafe« zuschneiden:
1-mal 35 x 45 cm (**B:** unteres Vorderteil)
1-mal 45 x 75 cm (**C:** Rückenteil)

Aus dem Motivstoff »Mond und Sterne« zuschneiden:
1-mal 20 x 45 cm (**A:** oberes Vorderteil)
1-mal 45 x 55 cm (**D:** Futter für das Vorderteil)
1-mal 45 x 75 cm (**E:** Futter für das Rückenteil)

Aus dem Motivstoff »Tiere« zuschneiden:
1 Kreis mit 8 cm Durchmesser mit 1 Motiv Schmetterling (**F**)
1 Kreis mit 8 cm Durchmesser mit 1 Motiv Maus (**G**)

Aus der feinen Watteline zuschneiden:
2-mal 45 x 55 cm (**X:** Vorderteil)
2-mal 45 x 75 cm (**Y:** Rückenteil)

ANLEITUNG

Die Teile **F** und **G** mit Aufbügelvlies verstärken. Anhand der Skizze unten die Motive auf der rechten Hälfte von Teil **A** anordnen und im engen Zickzackstich applizieren.

Teil **A** rechts auf rechts oben auf Teil **B** legen (auf die Richtung achten), 1 cm vom Rand aufnähen und die Naht auseinanderbügeln.

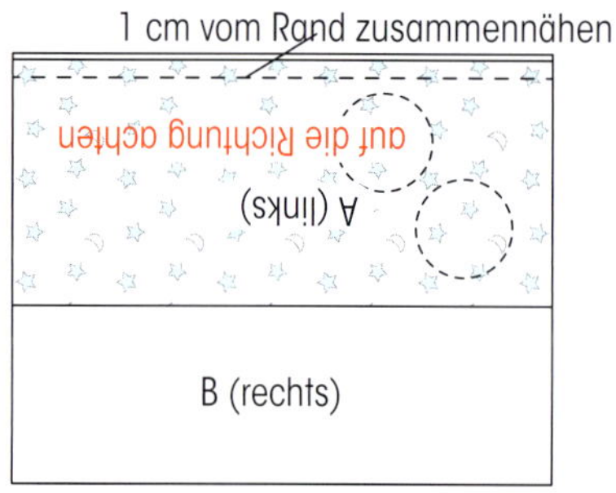

Teil **A** nach oben umschlagen, das Band auf die Naht legen und 0,2 cm von den Rändern absteppen. Anschließend ein Teil Watteline **X** auf die linke Seite der Einheit **A/B** legen und rundherum zusammenheften, damit nichts verrutscht.

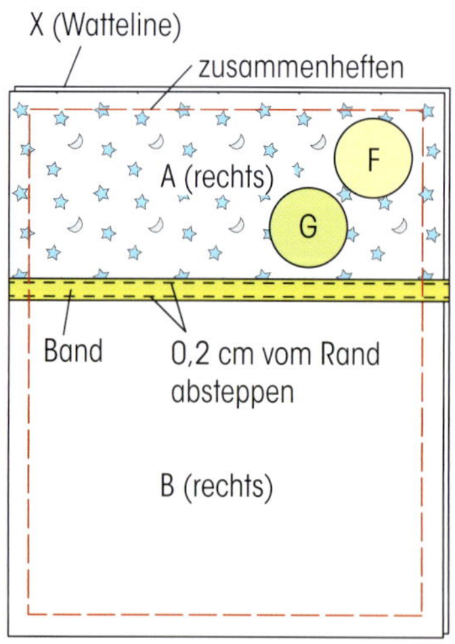

Genauso ein Teil Watteline **X** auf die linke Seite von Teil **D** legen und rundherum zusammenheften, damit nichts verrutscht. Dasselbe mit den Teilen **C** und **E** und den Watteline-Teilen **Y** machen.

Die Einheiten **A/B/X** und **C/Y** rechts auf rechts aufeinanderlegen und, wie in der Abbildung angegeben, zusammennähen und auf rechts wenden.

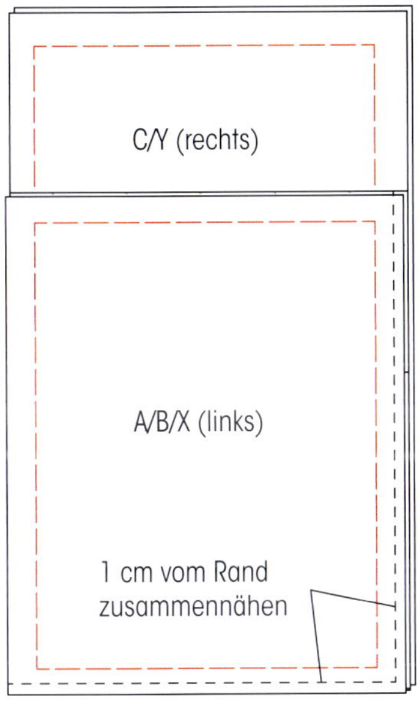

Die Einheiten **D/X** und **E/Y** rechts auf rechts aufeinanderlegen und, wie in der Abbildung (schwarz) angegeben, zusammennähen und auf rechts wenden.

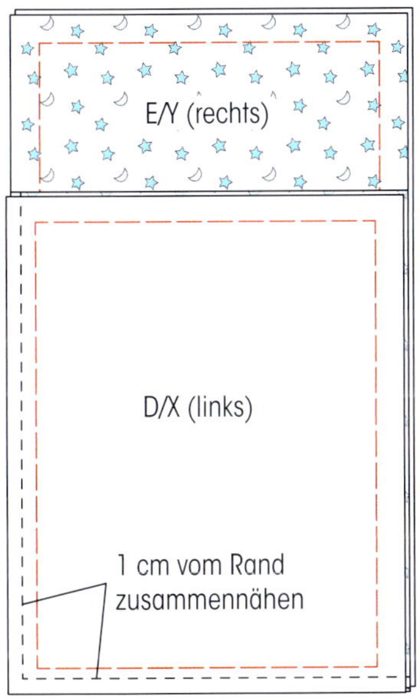

Die Einheit **A/B/X/C/Y** rechts auf rechts in die Einheit **D/X/E/Y** schieben, alle Ränder zusammennähen (in der Abbildung sind die Nähte in Türkis angegeben), dabei auf einer Seite eine 20 cm große Öffnung lassen.

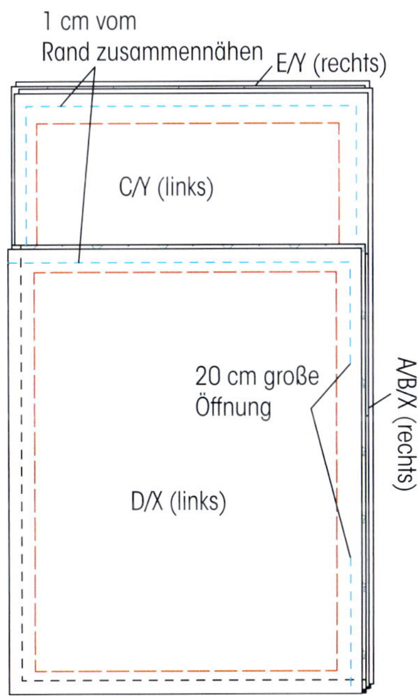

Die Ecken abschneiden, auf rechts wenden und die Öffnung mit unsichtbaren kleinen Stichen schließen.

Die Druckknöpfe im Abstand von 11 cm an den offenen Seiten anbringen: 5 Druckknöpfe an der seitlichen Öffnung und 2 Druckknöpfe am Kapuzenteil (siehe Foto).

MOBILE

Maße: ca. 40 x 100 cm

Vorlagen in der Beilage Seite A

MATERIAL

- 15 x 30 cm Motivstoff »Schafe« von Stof, Art.-Nr. 4505.624
- 15 x 110 cm Motivstoff »Mond und Sterne« von Stof, Art.-Nr. 4507.617
- 15 x 110 cm himmelblauer Stoff von Stof, Art.-Nr. 4507.632
- 10 x 35 cm hellgrüner Stoff von Stof, Art.-Nr. 4702.700
- 8 x 16 cm himmelblauer Filz
- 8 x 16 cm türkiser Filz
- 400 cm weißes Satinband, 0,6 cm breit
- 64 cm himmelblaues Satinband, 0,4 cm breit
- Füllwatte
- 1 Metallstern, 40 cm groß
- 1 weißer Kunststoffring mit 4 cm Durchmesser

ZUSCHNEIDEN

Die Vorlagen enthalten keine Nahtzugabe.
Die angegebenen Maße sind ohne Nahtzugabe.
Die Stoffe rundherum mit 1 cm Zugabe zuschneiden, außer bei den Teilen aus Filz.

Aus dem Motivstoff »Schafe« zuschneiden:
2 Kreise mit 9 cm Durchmesser mit 1 Motiv Schaf (**A**)

Aus dem Motivstoff »Mond und Sterne« zuschneiden:
2-mal Vorlage 1 symmetrisch (**B:** Mond)
2-mal Vorlage 2 symmetrisch (**C:** Stern)
4-mal Vorlage 5 symmetrisch (**F:** Ohren des Schafs)
4-mal Vorlage 6 symmetrisch (**G:** Körper des Schafs)

Aus dem himmelblauen Stoff zuschneiden:
4-mal Vorlage 4 symmetrisch (**E:** Wolle auf dem Kopf des Schafs)
4-mal Vorlage 5 symmetrisch (**F:** Ohren des Schafs)
4 cm breite Streifen, um ein 280 cm langes Band anzufertigen (**I:** Verkleidung des Sterns)

Aus dem hellgrünen Stoff zuschneiden:
4-mal Vorlage 3 symmetrisch (**D:** Kopf des Schafs)

Aus dem himmelblauen Filz zuschneiden:
8-mal Vorlage 7 symmetrisch (**H:** Klauen des Schafs)

Aus dem türkisen Filz zuschneiden:
8-mal Vorlage 7 symmetrisch (**H:** Beine des Schafs)

Aus dem weißen Satinband zuschneiden:
10-mal 40 cm (für die Aufhängungen)

Aus dem himmelblauen Satinband zuschneiden:
8-mal 8 cm (für die Beine des Schafs)

ANLEITUNG

VORBEREITUNG DER ELEMENTE ZUM AUFHÄNGEN

Die Teile **A** rechts auf rechts übereinanderlegen, rundherum zusammennähen, dabei oben eine Öffnung lassen. Die Rundung einschneiden, auf rechts wenden und fest mit Watte ausstopfen.

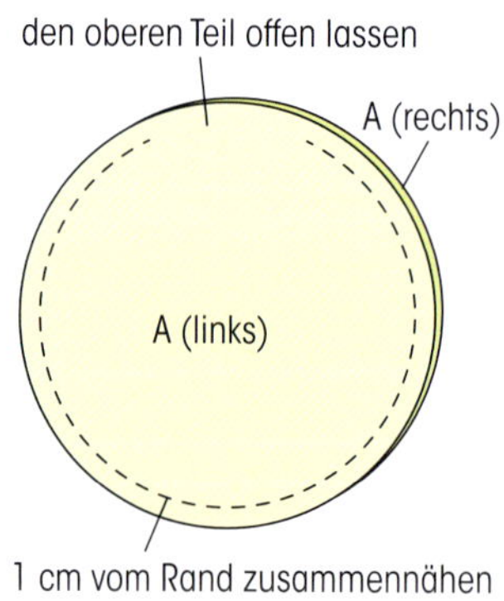

Ein Ende eines weißen Satinbandes in die Öffnung schieben, die Öffnung zunähen, dabei das Band fixieren.

Genauso die Teile **B** und **C** mit eingesetzten Satinbändern zusammennähen.

Genauso jeweils zwei Teile **D**, **E**, **F** und **G** ohne Satinbänder zusammennähen. (**Achtung:** Für die Ohren **F** ein weißes mit einem blauen Teil zusammennähen).

MOBILE

DIE KÖPFE DER SCHAFE

In der Mitte der Ohren **F** im Rückwärtsstich nähen. Das Ende der Ohren in der Mitte falten und beidseits der Köpfe **D** mit kleinen unsichtbaren Stichen annähen.

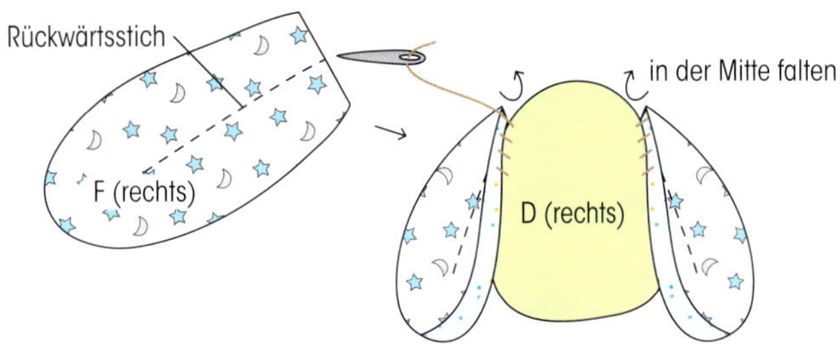

Die Teile **E** mit kleinen unsichtbaren Stichen an die Köpfe nähen (siehe Foto).

DIE KÖRPER DER SCHAFE

Zwei Füße **H** übereinanderlegen und ein Ende eines himmelblauen Satinbandes zwischen die beiden Lagen legen. Rundherum im Zickzackstich zusammennähen und dabei gleichzeitig das Band fixieren.

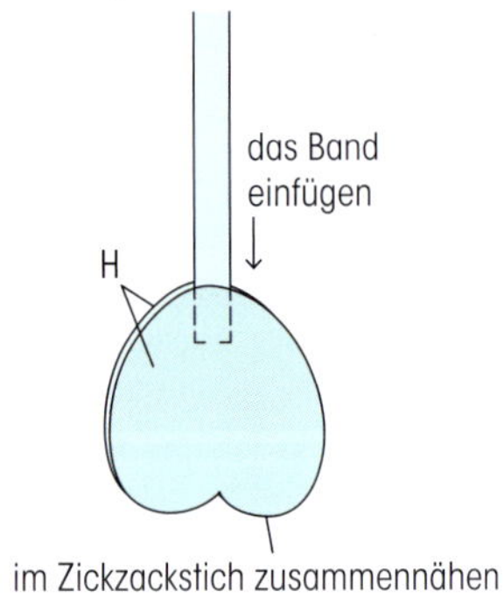

Genauso die anderen Teile **H** und die himmelblauen Satinbänder zusammennähen.

Die Naht an den Körpern **G** auf Höhe der Schultern und an der Unterseite jeweils 0,5 cm auftrennen. Das andere Ende der himmelblauen Satinbänder in jede Öffnung schieben und diese mit kleinen unsichtbaren Stichen wieder schließen, dabei auch das Band fixieren.

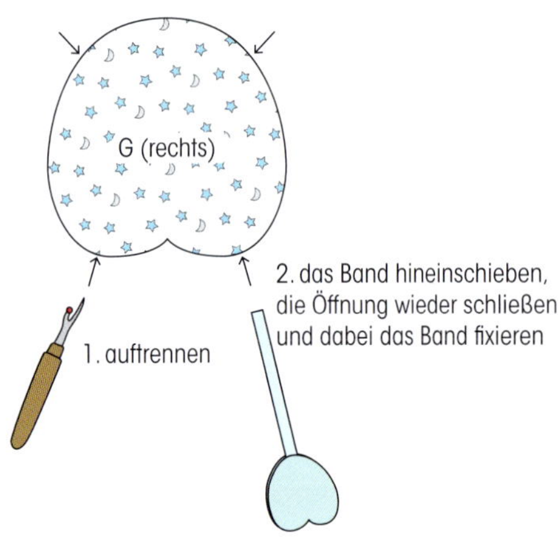

DIE SCHAFE ZUSAMMENNÄHEN

Die Köpfe mit kleinen unsichtbaren Stichen an die Körper nähen. Anschließend ein Ende der weißen Satinbänder hinten an ein Schaf nähen.

Die Augen (braunes Garn) und die Schnauze (weißes Garn) im Plattstich und das Maul (weißes Garn) im Spannstich mit zwei Fäden Baumwoll-Sticktwist aufsticken (siehe Foto).

DEN METALLSTERN VERKLEIDEN

Aus den Streifen **I** ein 280 cm langes Band anfertigen.

Genauso wie bei dem Band für die Fischgirlande (siehe S. 10) das Band **I** falten, den Stern damit einfassen und auf der gesamten Länge mit kleinen unsichtbaren Stichen festnähen und das Band dabei fälteln. Die Enden des Bandes am Schluss mit kleinen unsichtbaren Stichen zusammennähen.

FERTIGSTELLUNG

Die fünf weißen Satinbänder um den Ring legen, 1 cm umschlagen und absteppen.

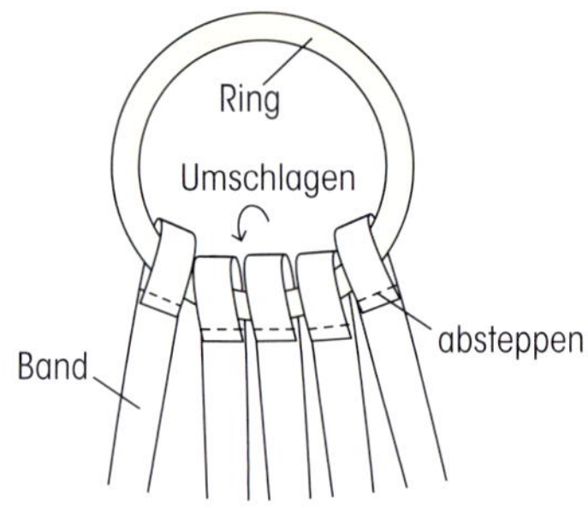

Die entgegengesetzten Enden dieser Bänder an die inneren Winkel des Sterns binden. Schließlich die Enden der Bänder von den Mobile-Figuren an die äußeren Winkel des Sterns nähen (siehe Foto).

GREIFLING »SCHAF«

Maße: ca. 11 x 16 cm

Vorlagen in der Beilage Seite **A**

MATERIAL

- 15 x 110 cm Motivstoff »Mond und Sterne« von Stof, Art.-Nr. 4507.617
- 15 x 110 himmelblauer Stoff von Stof, Art.-Nr. 4507.632
- Füllwatte

ZUSCHNEIDEN

Die Vorlagen enthalten keine Nahtzugabe.
Die Stoffe rundherum mit 1 cm Zugabe zuschneiden.

Aus dem Motivstoff »Mond und Sterne« zuschneiden:
2-mal Vorlage 8 symmetrisch (**A:** Ring)
2-mal Vorlage 4 symmetrisch (**C:** Wolle auf dem Kopf des Schafs)
2-mal Vorlage 5 symmetrisch (**D:** Ohren des Schafs)

Aus dem himmelblauen Stoff zuschneiden:
2-mal Vorlage 3 symmetrisch (**B:** Kopf des Schafs)
2-mal Vorlage 5 symmetrisch (**D:** Ohren des Schafs)

ANLEITUNG

Die Teile **A** rechts auf rechts aufeinanderlegen, zusammennähen, dabei die Schmalseiten offen lassen.

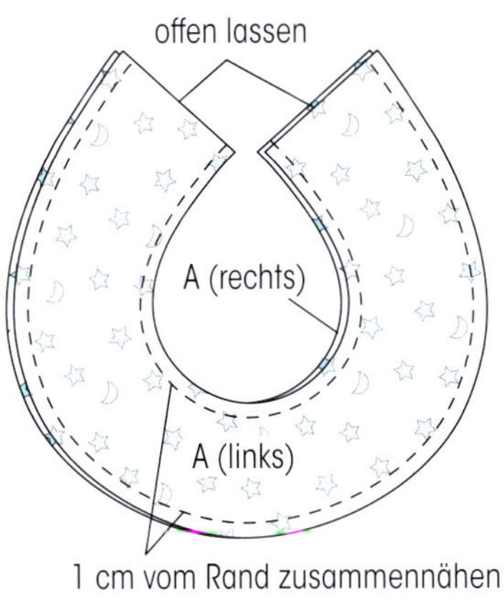

Die Rundungen einschneiden, auf rechts wenden und fest mit Watte ausstopfen. Am Rand der Öffnungen 1 cm nach innen umschlagen, die beiden Enden verbinden und mit kleinen unsichtbaren Stichen zusammennähen.

Genauso wie beim Zusammennähen der Hängefiguren des Mobiles (siehe S. 56 und 58) den Kopf des Schafes aus den Teilen **B**, **C** und **D** zusammennähen und ausstopfen.

Den Kopf des Schafs mit kleinen unsichtbaren Stichen oben an den Ring nähen (siehe Foto).

Die Augen (braunes Garn) und die Schnauze (weißes Garn) im Plattstich und das Maul (weißes Garn) im Spannstich mit zwei Fäden Baumwoll-Sticktwist aufsticken (siehe Foto).

LASS UNS SPIELEN!

KRABBELDECKE

Maße: ca. 103 x 103 cm

Vorlagen in der Beilage Seite **A** und **B**

MATERIAL

- 110 x 132 cm Motivstoff »große Motive« von Stof, Art.-Nr. 4507.517
- 30 x 90 cm Motivstoff »Mäuslein« von Stof, Art.-Nr. 4507.533
- 100 x 110 cm Motivstoff »Blumen« von Stof, Art.-Nr. 4507.520
- 30 x 110 cm erdbeerroter Stoff »Blumen« von Mondial Tissus
- 55 x 55 cm himmelblauer Stoff von Mondial Tissus
- Rest weißer Uni-Stoff
- 20 x 35 cm doppelseitiges Aufbügelvlies
- 105 x 105 cm feine Watteline

Anmerkung
Für das Sticken mit der Nähmaschine Garn in Kontrastfarbe wählen.

VORBEREITUNG

Vorlage 1 zuschneiden und die Vorlagen 2 und 3 anhand des Schemas herstellen.

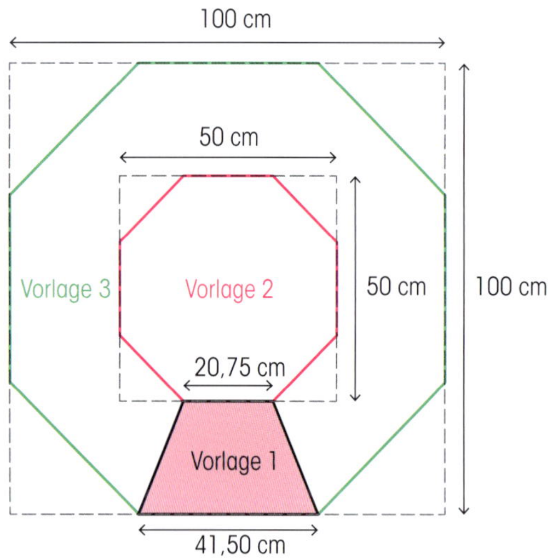

ZUSCHNEIDEN

Die Vorlagen enthalten keine Nahtzugabe.
Die angegebenen Maße sind ohne Nahtzugabe.
Die Stoffe rundherum mit 1 cm Zugabe zuschneiden, außer bei den Applikationen.

Aus dem Motivstoff »große Motive« zuschneiden:
2-mal Vorlage 1 (**B:** Trapez der Krabbeldecke)
1-mal Vorlage 3 (**C:** Rückseite der Krabbeldecke)

Aus dem Motivstoff »Mäuslein« zuschneiden:
2-mal Vorlage 1 (**B:** Trapez der Krabbeldecke)

Aus dem Motivstoff »Blumen« zuschneiden:
2-mal Vorlage 1 (**B:** Trapez der Krabbeldecke)
6 cm breite Schrägstreifen, um ein 340 cm langes Schrägband anzufertigen (**L:** Schrägband)

Aus dem erdbeerroten Stoff »Blumen« zuschneiden:
2-mal Vorlage 1 (**B:** Trapez der Krabbeldecke)
1-mal Vorlage 4 (**D:** Ohr der Maus)
1-mal Vorlage 6 (**F:** Ohr der Maus)
1-mal Vorlage 8 (**H:** Gesicht der Maus)
1-mal Vorlage 9 (**I:** Nase der Maus)
1-mal Vorlage 10 (**J:** Körper der Maus)
1-mal Vorlage 11 (**K:** Bein der Maus)

Aus dem himmelblauen Stoff zuschneiden:
1-mal Vorlage 2 (**A:** Mittleres Achteck der Krabbeldecke)

Aus dem weißen Uni-Stoff zuschneiden:
1-mal Vorlage 5 (**E:** Innenteil Ohr)
1-mal Vorlage 7 (**G:** Innenteil Ohr)

Aus der feinen Watteline zuschneiden:
1-mal Vorlage 3 (**C':** Rückseite der Krabbeldecke)

ANLEITUNG

APPLIKATION

Die zu applizierenden Teile (**D** bis **K**) mit Aufbügelvlies verstärken.

Diese Teil auf die rechte Seite von Teil **A** legen und applizieren, indem alle Ränder der Teile im engen Zickzackstich abgesteppt werden. (**Achtung:** Beim Applizieren die alphabetische Reihenfolge einhalten).

Die Zeichnungen von Gesicht und Schwanz übertragen und im engen Zickzackstich aufsticken (siehe Foto).

DIE OBERSEITE

Ein Teil **B** rechts auf rechts auf einen Rand von Teil **A** legen und 1 cm vom Rand zusammennähen.

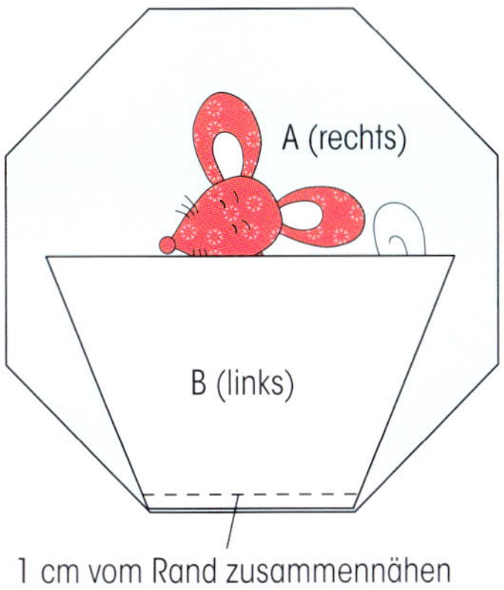

Genauso die restlichen Teile **B** jeweils rechts auf rechts an einen Rand von Teil **A** nähen. Anschließend die Seitenränder der Trapeze rechts auf rechts zusammennähen, damit das Achteck entsteht. Die Nähte auseinanderbügeln und alles bügeln und in Form bringen.

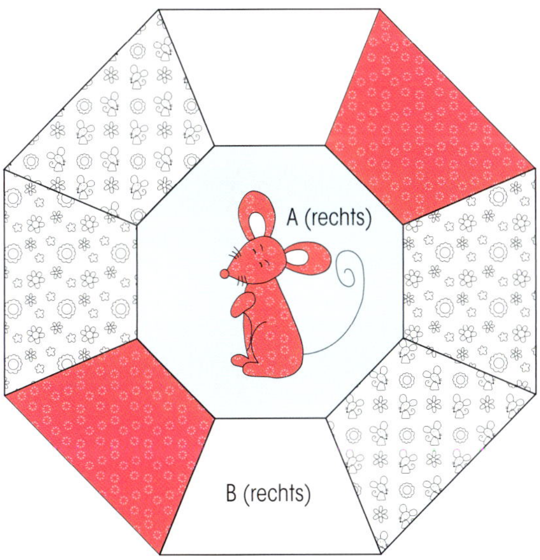

ZUSAMMENNÄHEN

Die Watteline **C'** auf die linke Seite von Teil **C** legen, die Oberseite links auf links darüber zentrieren. Feststecken und zusammenheften, damit die verschiedenen Lagen nicht verrutschen. Die vorhandenen Nähte der Trapeze absteppen.

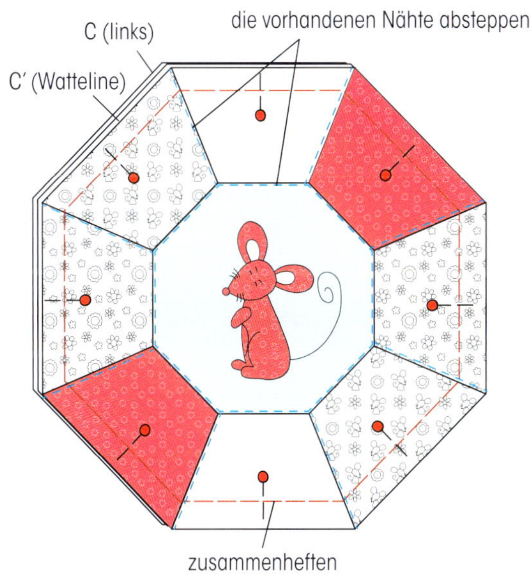

Aus den Streifen **L** das 1,5 cm breite Schrägband anfertigen (siehe technische Erklärung S. 4). Die Krabbeldecke damit einfassen.

BABY-NACKENSTÜTZE

Vorlagen in der Beilage Seite **A**

Maße: ca. 37 x 40 cm

MATERIAL

- 20 x 25 cm Motivstoff »Mäuslein« von Stof, Art.-Nr. 4507.533
- 20 x 25 cm Motivstoff »Blumen« von Stof, Art.-Nr. 4507.520
- 20 x 25 cm erdbeerroter Stoff »Blumen« von Mondial Tissus
- 25 x 110 cm himmelblauer Stoff von Mondial Tissus
- Rest weißer Filz
- Rest petrolblauer Filz
- 12 x 18 cm feine Watteline
- 45 cm rotes Schmuckband mit weißen Punkten, 1,1 cm breit, von Rico Design
- 50 cm schwarzes Satinband, 0,3 cm breit, für die Schnurhaare
- 1 rote Schleife mit weißen Punkten
- Füllwatte

Anmerkung
Für das Sticken mit der Nähmaschine Garn in Kontrastfarbe wählen.

ZUSCHNEIDEN

Die Vorlagen enthalten keine Nahtzugabe.
Die Stoffe rundherum mit 1 cm Zugabe zuschneiden, außer bei den Teilen aus Filz.

Aus dem Motivstoff »Mäuslein« zuschneiden:
2-mal Vorlage 13 symmetrisch (**C:** Oberseite/ **H:** Unterseite)

Aus dem Motivstoff »Blumen« zuschneiden:
2-mal Vorlage 15 symmetrisch (**E:** Oberseite/ **J:** Unterseite)

Aus dem erdbeerroten Stoff »Blumen« zuschneiden:
2-mal Vorlage 14 symmetrisch (**D:** Oberseite/ **I:** Unterseite)
1-mal Vorlage 17 (**A:** Nase)

Aus der feinen Watteline zuschneiden:
2-mal Vorlage 20 symmetrisch (**N':** Ohren)

Aus dem himmelblauen Stoff zuschneiden:
1-mal Vorlage 12 (**B:** Oberseite)
1-mal Vorlage 12 + 17 spiegelbildlich (**G:** Unterseite)
2-mal Vorlage 16 symmetrisch (**F:** Oberseite/ **K:** Unterseite)
4-mal Vorlage 20 symmetrisch (**N:** Ohren)
8-mal Vorlage 21 symmetrisch (**O:** Pfoten)

Aus dem weißen Filz zuschneiden:
2-mal Vorlage 18 symmetrisch (**L:** Augen)

Aus dem petrolblauen Filz zuschneiden:
2-mal Vorlage 19 symmetrisch (**M:** Innenteil der Augen)

ANLEITUNG

DIE OBERSEITE

Die Augen **L** und **M** auf die rechte Seite von Teil **B** legen und im engen Zickzackstich applizieren.

Teil **A** rechts auf rechts auf Teil **B** legen. 1 cm vom Rand zusammennähen, die Naht auseinanderbügeln und überschüssigen Stoff abschneiden.

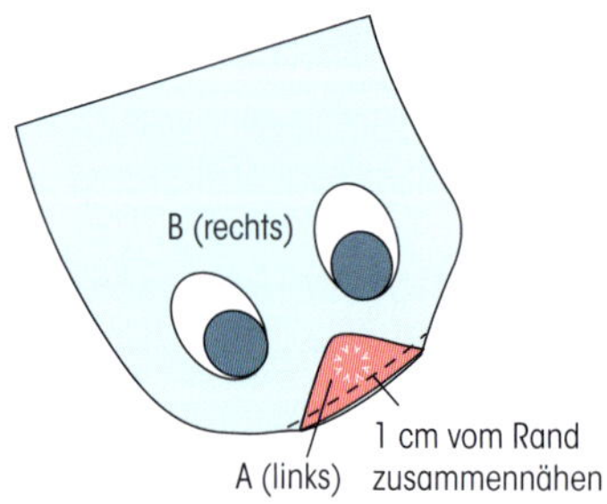

Diese Einheit **A/B** genauso mit den Teilen **C**, **D**, **E** und **F** zusammennähen.

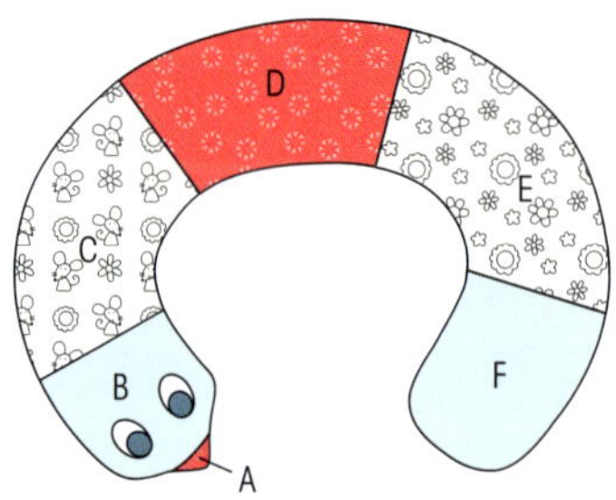

DIE UNTERSEITE

Genau wie die Oberseite die Teile **G**, **H**, **I**, **J** und **K** zusammennähen.

DER KÖRPER

Das rote Pünktchenband in der Mitte falten, ab 5 cm von der Knickfalte absteppen.

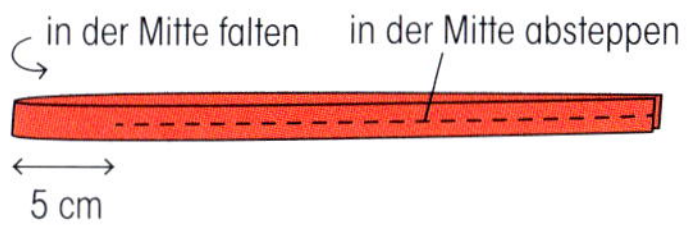

Ober- und Unterseite rechts auf rechts aufeinanderlegen, dabei das rote Band zwischen die beiden Lagen schieben (die Knickfalte liegt innen), rundherum zusammennähen, dabei eine Öffnung lassen (**Achtung:** Nicht über das Band nähen).

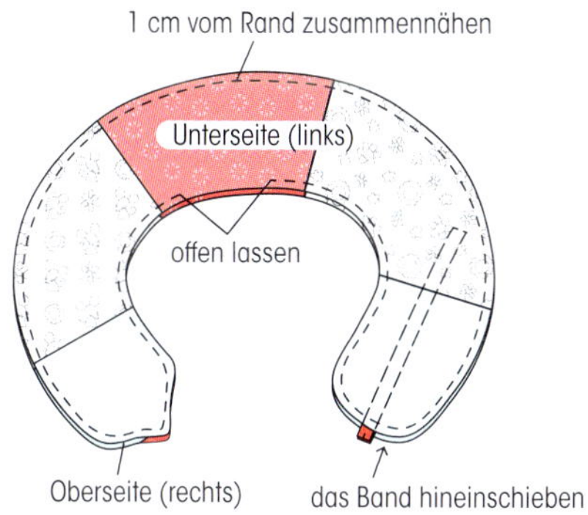

Die Rundungen einschneiden, auf rechts wenden und fest mit Watte ausstopfen.

DIE OHREN

Zwei Teile **N** rechts auf rechts aufeinanderlegen, ein Teil Watteline **N'** darauflegen. Zusammennähen, dabei unten offen lassen. Die Rundung einschneiden, auf rechts wenden.

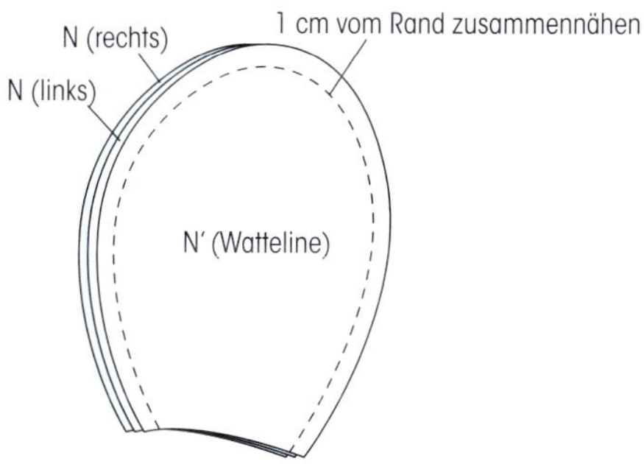

Den Rand der Öffnung nach innen umschlagen, die Innenlinie des Ohrs absteppen.

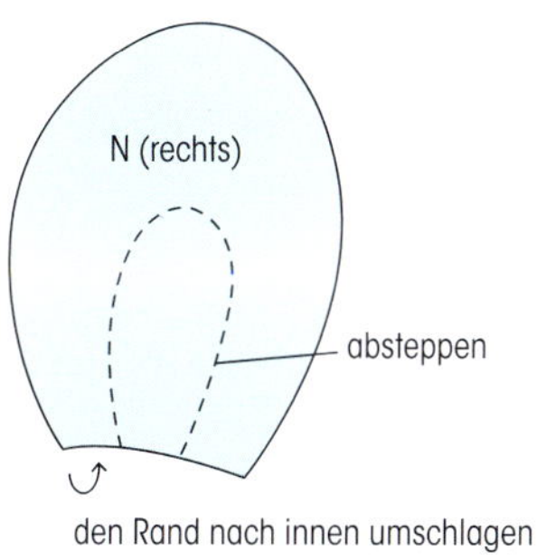

Das andere Ohr genauso zusammennähen.

DIE PFOTEN

Genau wie bei den Ohren zwei Teile **O** zusammennähen, aber ohne Watteline. Den Rand der Öffnung nach innen umschlagen, mit Watte ausstopfen. Vier Pfoten anfertigen.

FERTIGSTELLUNG

Die Ohren mit kleinen unsichtbaren Stichen oben auf Höhe der Nähte der Teile **B** und **C** an den Kopf nähen (siehe Foto).

Die Pfoten mit kleinen unsichtbaren Stichen auf Höhe der Teile **G** und **K** an die Unterseite der Maus nähen (siehe Foto).

Mit einer großen Nadel das schwarze Satinband als Schnurrhaare auf beiden Seiten des Kopfes annähen. Auf die gewünschte Länge schneiden, direkt am Kopf verknoten. Genauso zwei weitere Schnurrhaare anfertigen, falls nötig, die Länge angleichen (siehe Foto).

Die rote Schleife an ein Ohr nähen (siehe Foto).

GREIFLING »HASE«

Maße: ca. 17 x 19 cm

Vorlagen in der Beilage Seite **B**

MATERIAL

- 15 x 30 cm Motivstoff »Mäuslein« von Stof, Art.-Nr. 4507.533
- 22 x 32 cm erdbeerroter Stoff »Blumen« von Mondial Tissus
- 10 x 15 cm himmelblauer Stoff von Mondial Tissus
- 16 cm rotes-weißes Schmuckband, 0,6 cm breit
- 1 rote Schleife mit weißen Punkten
- Füllwatte

ZUSCHNEIDEN

Die Vorlagen enthalten keine Nahtzugabe.
Die Stoffe rundherum mit 1 cm Zugabe zuschneiden.

Aus dem Motivstoff »Mäuslein« zuschneiden:
2-mal Vorlage 22 symmetrisch (**A:** Ring)

Aus dem erdbeerroten Stoff »Blumen« zuschneiden:
2-mal Vorlage 23 symmetrisch (**B:** Ohren)
2-mal Vorlage 24 symmetrisch (**C:** Kopf hinten)
2-mal Vorlage 25 symmetrisch (**D:** Kopf vorne)

Aus dem himmelblauen Stoff zuschneiden:
2-mal Vorlage 23 symmetrisch (**B:** Ohren)

ANLEITUNG

Die Teile **A** genauso zusammennähen und ausstopfen wie beim Greifling »Schaf« (siehe S. 59).

Genauso wie bei den Ohren der Baby-Nackenstütze (siehe S. 65 f.) zwei Teile **B** ohne Watteline zusammennähen. (**Achtung:** Hierbei wird ein rotes mit einem himmelblauen Teil zusammengenäht).

Den Rand der Öffnung nach innen umschlagen und das Teil fest mit Watte ausstopfen. Zwei Ohren anfertigen.

Zwei Teile **C** rechts auf rechts aufeinanderlegen und wie abgebildet zusammennähen.

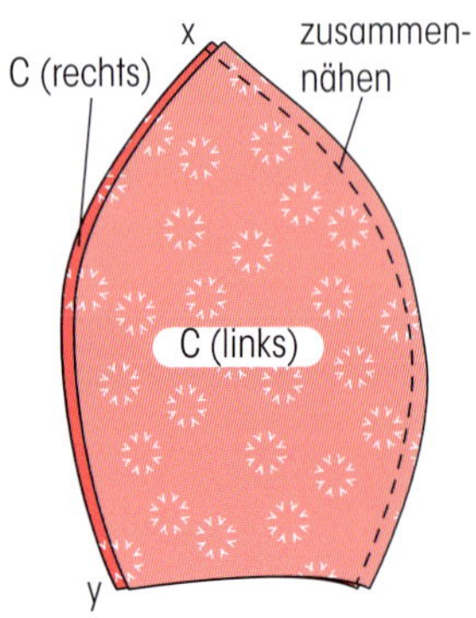

Die Teile **D** rechts auf rechts aufeinanderlegen und wie abgebildet zusammennähen.

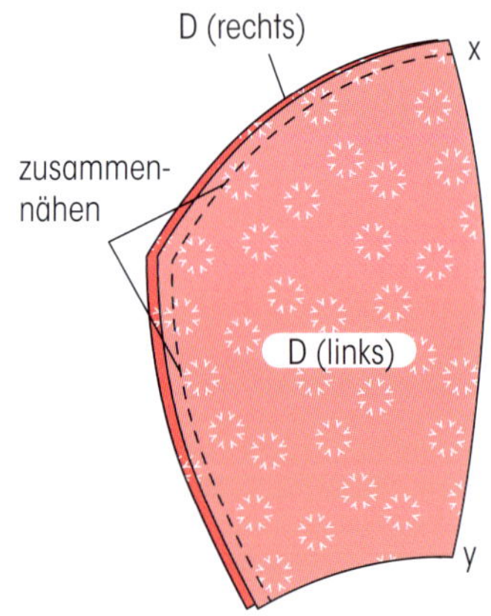

Die Einheiten **C/C** und **D/D** rechts auf rechts so zusammennähen, dass die Orientierungspunkte **x** und **y** übereinstimmen. Die Rundungen einschneiden, auf rechts wenden und den Rand an der Öffnung nach innen umschlagen. Mit Watte ausstopfen.

Den Kopf des Hasen mit kleinen unsichtbaren Stichen oben auf den Ring nähen. Augen und Schnauze mit schwarzem Baumwoll-Stickgarn im Plattstich und das Maul im Rückwärtsstich aufsticken (siehe Foto). Die Ohren mit kleinen unsichtbaren Stichen oben an den Kopf nähen.

Das rot-weiße Band mit kleinen unsichtbaren Stichen um den Hals befestigen. Zum Schluss die rote Pünktchenschleife in der Mitte annähen (siehe Foto).

MEIN ERSTES BUCH

Maße: ca. 16 x 16 cm

Vorlagen in der Beilage Seite **B**

MATERIAL

- 40 x 60 cm Motivstoff »große Motive« von Stof, Art.-Nr. 4507.517
- 20 x 20 cm Motivstoff »Mäuslein« von Stof, Art.-Nr. 4507.533
- 20 x 20 cm Motivstoff »Blumen« von Stof, Art.-Nr. 4507.520
- 20 x 40 cm erdbeerroter Stoff »Blumen« von Mondial Tissus
- 20 x 50 cm himmelblauer Stoff von Mondial Tissus
- Rest roter Uni-Stoff
- Rest himmelblauer Filz
- 20 x 80 feine Watteline
- Doppelseitiges Aufbügelvlies
- 78 cm Schmuckband, rot mit weißen Pünktchen, 1,1 cm breit, von Rico Design
- 38 cm graublau-rotes Schmuckband, 1,3 cm breit, von Rico Design
- 18 cm naturfarbene Zackenlitze, 1 cm breit

Anmerkung
Für das Sticken mit der Nähmaschine Garn in Kontrastfarbe wählen.

ZUSCHNEIDEN

Die Vorlagen enthalten keine Nahtzugabe.
Die Stoffe rundherum mit 1 cm Zugabe zuschneiden, soweit nicht anders angegeben.

Aus dem Motivstoff »große Motive« zuschneiden:
1-mal Vorlage 26 mit 1 Motiv Hund (**A:** Seite 1)
1-mal Vorlage 26 mit dem Motiv Katze und Hund (**C:** Seite 3)
1-mal Vorlage 26 mit dem Motiv Katze, Hund und Maus (**E:** Seite 5)
1 großes Blumenmotiv (**Q**)

Aus dem Motivstoff »Mäuslein« zuschneiden:
1-mal Vorlage 26 (**F:** Seite 6)

Aus dem Motivstoff »Blumen« zuschneiden:
1-mal Vorlage 26 (**D:** Seite 4)

Aus dem erdbeerroten Stoff »Blumen« zuschneiden:
2-mal Vorlage 26 (**G** und **H:** Seite 7 und 8)

Aus dem himmelblauen Stoff zuschneiden:
1-mal Vorlage 26 (**B:** Seite 2)
4-mal Vorlage 27 symmetrisch (**I**: Ohren des Hundes)
1-mal Vorlage 28 (**L:** linkes Ohr der Katze)
1-mal Vorlage 29 (**M:** rechtes Ohr der Katze)
2-mal Vorlage 30 (**N:** Gesicht der Katze)
2-mal Vorlage 32 (**R:** Blatt)

Aus dem roten Uni-Stoff zuschneiden:
1-mal Vorlage 31 (**O:** Schnauze der Katze)

Aus dem himmelblauen Filz ohne Nahtzugabe zuschneiden:
1 Kreis mit 4 cm Durchmesser (**K:** Mitte der Blume)

Aus der feinen Watteline so zuschneiden, dass noch Watteline für das Zuschneiden der anderen Teile bleibt:
2-mal Vorlage 27 (**I:** Ohren des Hundes)

Aus dem roten Schmuckband mit weißen Punkten zuschneiden:
8-mal 8 cm (**J**)
1-mal 14 cm (**T**)

Aus dem graublau-roten Schmuckband zuschneiden:
1-mal 14 cm (**P**)
1-mal 14 cm (**S**)
1-mal 10 cm (**U**)

ANLEITUNG

VORBEREITUNG

Genauso wie bei den Ohren für die Baby-Nackenstütze (siehe S. 65) zwei Teile **I** mit Watteline **I'** zusammennähen. Zwei Ohren anfertigen, den Rand an der Öffnung nach innen umschlagen.

Weiter nach dieser Anleitung zwei Teile **R** ohne Watteline zusammennähen, den Rand an der Öffnung nach innen umschlagen.

VERZIERUNG DER SEITEN

Die Ohren **I** bei Teil **A** mit kleinen unsichtbaren Stichen an beide Seiten des Hundekopfes nähen (siehe Foto).

Anhand des Fotos das Teil **K** auf Teil **B** stecken, die in der Mitte gefalteten gepunkteten Bänder **J** als Blütenblätter drum herum anordnen. Zum Fixieren den Rand der Blume im engen Zickzackstich umsticken und im Anschluss in die Mitte eine Spirale sticken.

Die zu applizierenden Teile (**L** bis **O**) mit Aufbügelvlies verstärken. Diese Teile auf der rechten Seite von Teil **D** anordnen und applizieren, indem alle Ränder im engen Zickzackstich abgesteppt werden. (**Achtung:** Beim Applizieren die alphabetische Reihenfolge einhalten).

Die Zeichnungen des Gesichts übertragen und im engen Zickzackstich aufsticken (siehe Foto).

Anhand des Fotos die Zackenlitze und das Band **P** diagonal in einer Ecke von Teil **F** anordnen und zum Fixieren absteppen.

Das Teil **Q** mit Aufbügelvlies verstärken. Anhand des Fotos die Blume **Q** und das Blatt **R** auf dem Teil **G** anordnen und einen Stängel zeichnen. Im engen Zickzackstich den Stängel sticken und die Blume applizieren. Schließlich das Blatt **R** auf dem Stängel applizieren, indem das Blattende im engen Zickzackstich gestickt und die mittlere Blattrippe abgesteppt wird.

DIE SEITEN ZUSAMMENNÄHEN

Die Teile **A** und **H** rechts auf rechts aufeinanderlegen, 1 cm vom Rand zusammennähen und die Naht auseinanderbügeln.

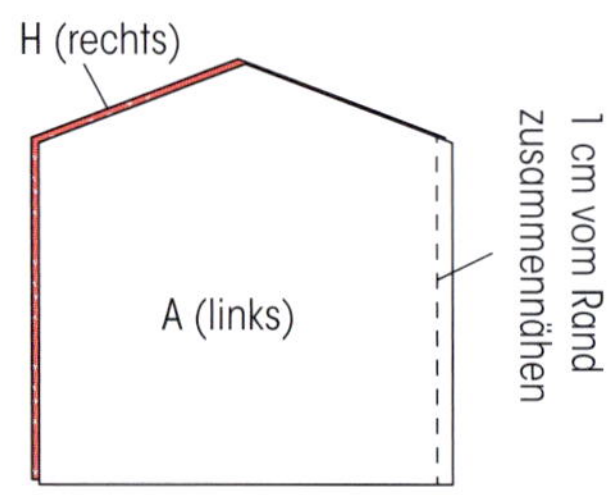

Auf dieselbe Weise die Teile **B** bis **G** wie in der Abbildung gezeigt zusammennähen.

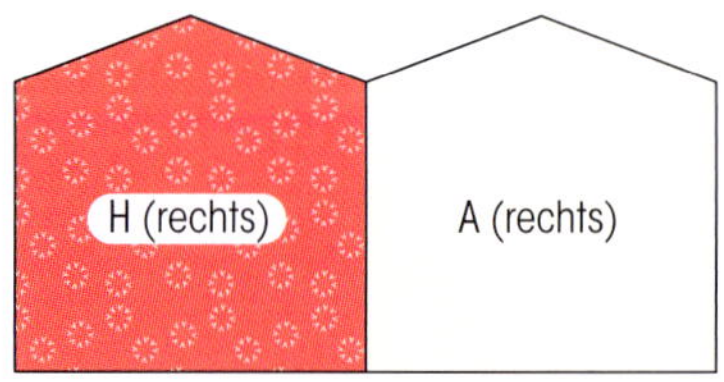

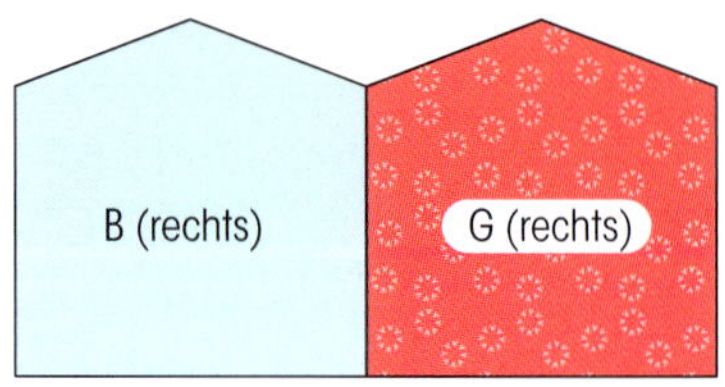

Zwei Teile Watteline in der Größe der Einheit **H/A** zuschneiden.

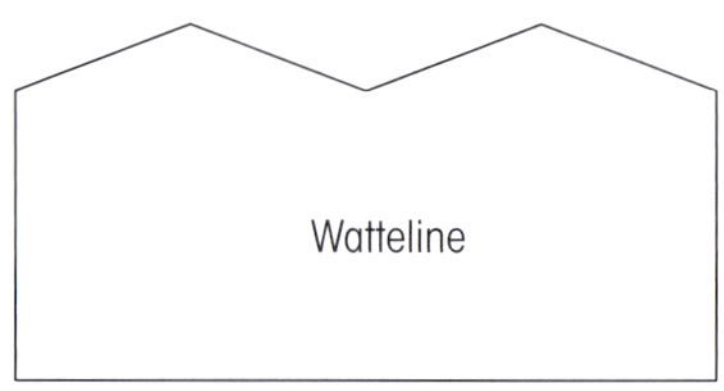

Die Bänder **S**, **T** und **U** in der Mitte falten und an den linken Rand der Einheit **H/A** stecken.

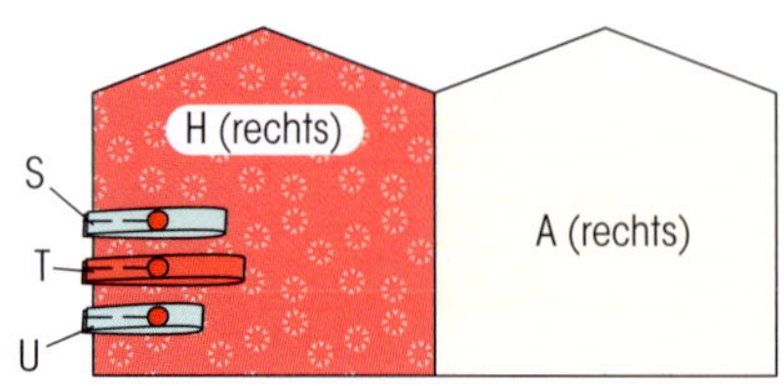

Die Einheiten **H/A** und **B/G** rechts auf rechts aufeinanderlegen und ein Teil Watteline darauflegen. Rundherum zusammennähen, dabei eine 8 cm große Öffnung lassen. (**Achtung:** Die Hundeohren nicht mitnähen).

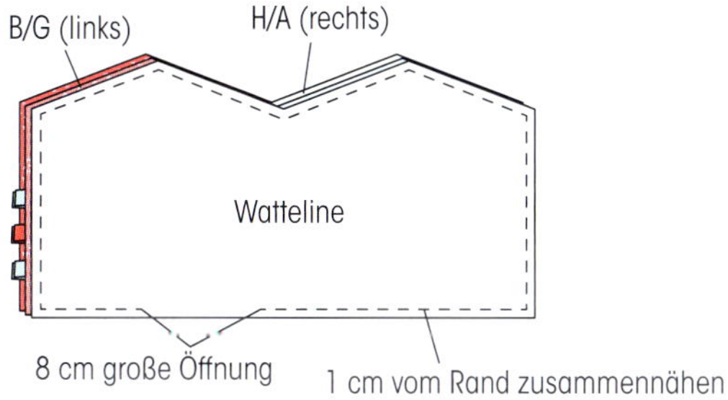

Die Ecken abschneiden, auf rechts wenden und rundherum 0,2 cm vom Rand absteppen.

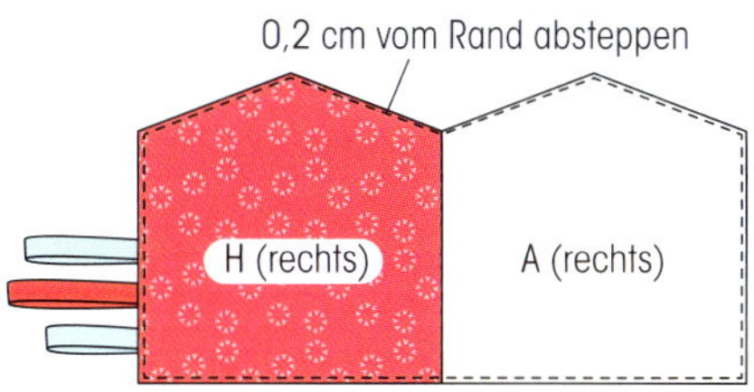

Genauso die Einheit **F/C** mit der Einheit **D/E** und dem anderen Teil Watteline zusammennähen.

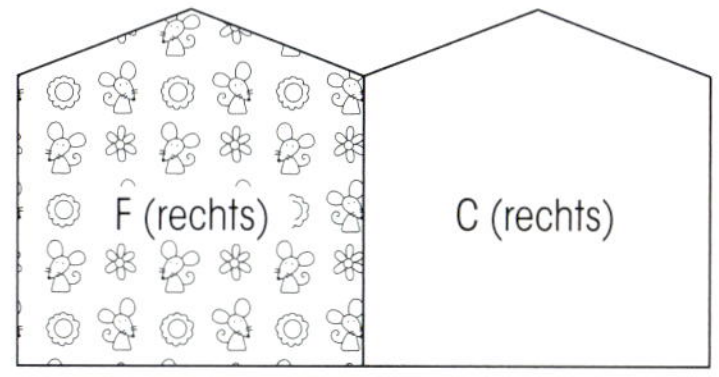

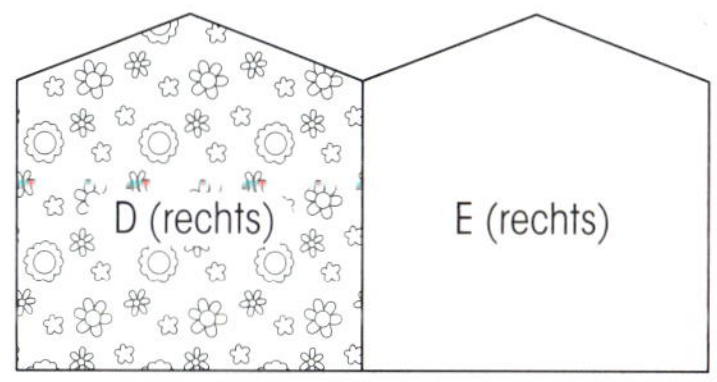

Die beiden Einheiten übereinanderlegen, dabei auf die Reihenfolge der Seiten achten, in der Mitte der Seiten absteppen.

Seiten 2 und 3

Seiten 4 und 5

Seiten 6 und 7

Seite 8

UNTERWEGS

TRAGETASCHE

Maße: 30 x 35 x 10 cm (H x B x T)

Vorlagen in der Beilage Seite B

MATERIAL

- 45 x 110 cm hellgrüner Stoff von Stof, Art.-Nr. 4702.700
- 45 x 88 cm rosa Blümchenstoff von Stof, Art.-Nr. 4702.701
- 62 x 110 cm rosa Pünktchenstoff von Stof, Art.-Nr. 4702.692
- 52 x 110 cm feine Watteline
- 66 cm naturfarbene Zackenlitze, 1 cm breit
- 1 naturfarbener Reißverschluss, 55 cm lang

ZUSCHNEIDEN

Die angegebenen Maße sind ohne Nahtzugabe. Die Stoffe rundherum mit 1 cm Zugabe zuschneiden, soweit nicht anders angegeben.

Aus dem hellgrünen Stoff zuschneiden:
1-mal 30 x 35 cm (**A1:** Hauptseite 1 der Tragetasche)
1-mal 35 x 40 cm (**A2:** Hauptseite 2 und Boden der Tragetasche)
2-mal 10 x 22,5 cm (**C:** Seiten der Tragetasche)

Aus dem rosa Blümchenstoff zuschneiden:
2-mal 40 x 40 cm (**B:** Taschen)

Aus dem rosa Pünktchenstoff zuschneiden:
2-mal 9 x 50 cm (**D:** Oberteil für den Verschluss)
1-mal 35 x 70 cm (**E:** Futter für die Hauptseiten und den Boden der Tragetasche)
2-mal 10 x 22,5 cm (**F:** Futter der Seitenteile der Tragetasche)
2-mal 6 x 40 cm (**G:** Henkel)

Aus der feinen Watteline zuschneiden:
1-mal 30 x 35 cm (**A1′:** Hauptseite 1 der Tragetasche)
1-mal 35 x 40 cm (**A2′:** Hauptseite 2 und Boden der Tragetasche)
2-mal 10 x 22,5 cm (**C′:** Seitenteile der Tragetasche)
2-mal 4,5 x 50 cm ohne Nahtzugabe (**D′:** Oberteil für den Verschluss)

Aus der naturfarbenen Zackenlitze zuschneiden:
3-mal 22 cm

ANLEITUNG

VORBEREITUNG

Die Watteline **A1′** auf die linke Seite von Teil **A1** legen, rundherum zusammenheften, damit nichts verrutscht. Ebenso mit Teil **A2** und Watteline **A2′** und den Teilen **C** und den Teilen Watteline **C′** verfahren.

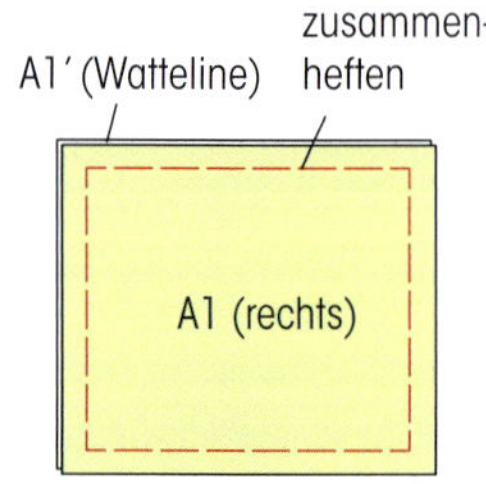

DIE HENKEL

Genauso wie bei dem Band für die Fischgirlande (siehe S. 10) die Bänder **G** falten und 0,2 cm von den Rändern absteppen.

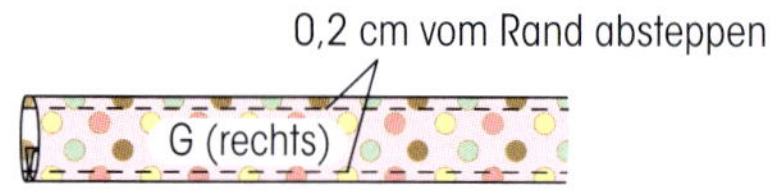

DIE TASCHEN

Die Teile **B** in der Mitte links auf links falten, die Knickfalte zum Markieren bügeln. Mit großen Stichen 0,5 cm vom unteren Rand nähen und durch Ziehen an dem Faden leicht kräuseln auf eine Breite von 37 cm (= Breite der Tragetasche + Nahtzugabe).

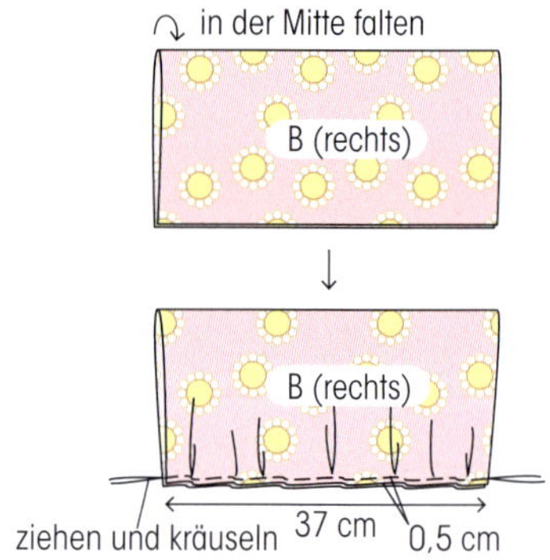

HAUPTSEITEN DER TRAGETASCHE

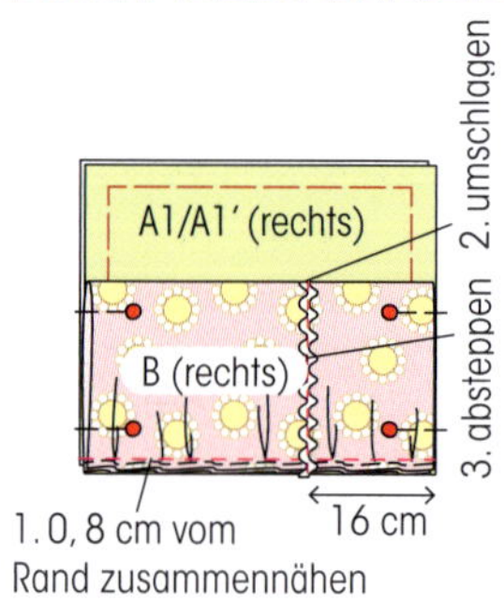

Eine Tasche **B** unten auf die Einheit **A1/A1′** legen, die Seitenränder feststecken und 0,8 cm vom unteren Rand entfernt zusammennähen. Eine Zackenlitze senkrecht darauflegen, an einem Ende einen Umschlag machen und die Zackenlitze durch alle Stofflagen absteppen, um die Tasche zu unterteilen.

Die andere Tasche **B** auf die Einheit **A2/A2′** legen, wie in der Abbildung zu sehen, und 1 cm vom Rand nähen.

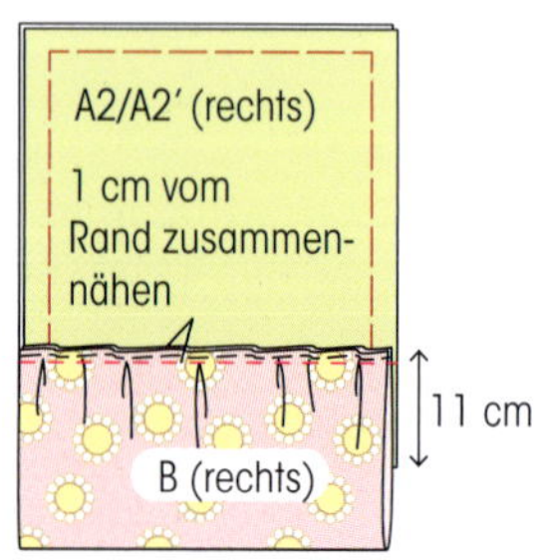

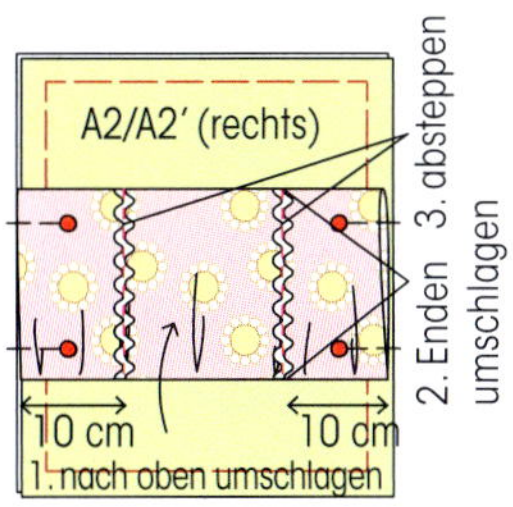

Die Tasche nach oben umschlagen und die Seitenränder feststecken. Die beiden anderen Zackenlitzen mit einem Umschlag an jedem Ende auflegen und durch alle Stofflagen absteppen, um die Tasche zu unterteilen.

Hauptseite 1 der Tragetasche rechts auf rechts so auf **Hauptseite 2** legen, dass die unteren Ränder übereinanderliegen, den unteren Rand 1 cm vom Rand zusammennähen.

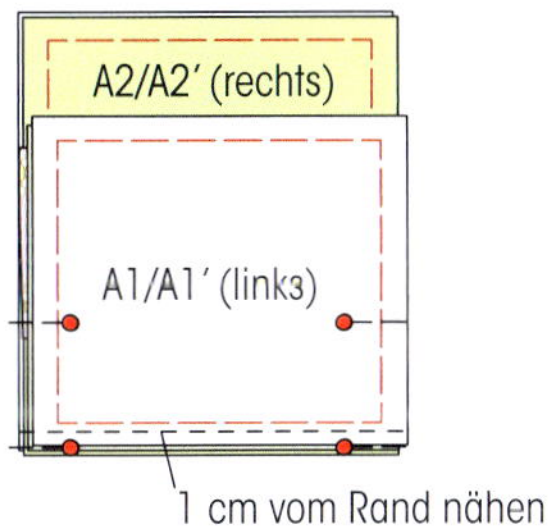

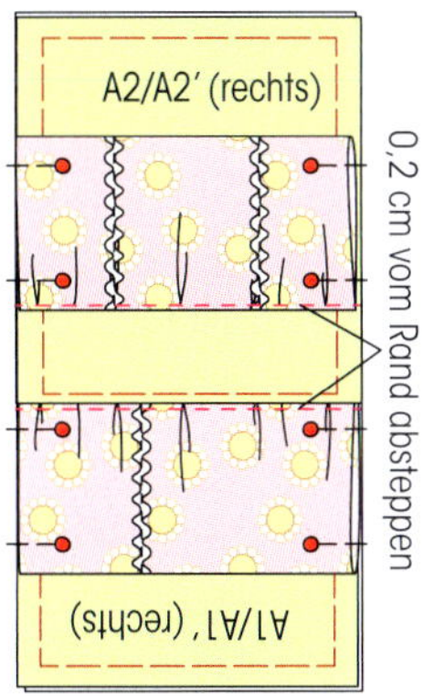

Die Naht auseinanderbügeln und 0,2 cm von den Rändern der Taschen **B** absteppen.

DIE TRAGETASCHE ZUSAMMENNÄHEN

Die Teile **D** in der Mitte links auf links falten und mit dem Reißverschluss zusammennähen, wie in der Abbildung zu sehen ist.

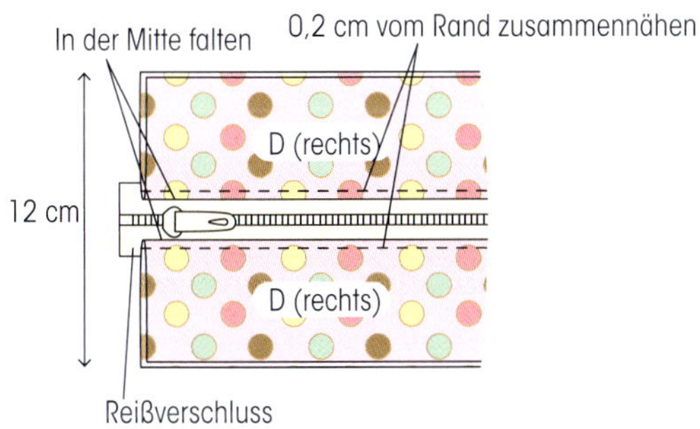

Die Watteline-Teile **D′** zwischen die beiden Lagen der Teile **D** schieben und feststecken.

Eine Einheit **C/C′** rechts auf rechts auf ein Ende der Einheit **D/D′** legen und 1 cm vom Rand zusammennähen.

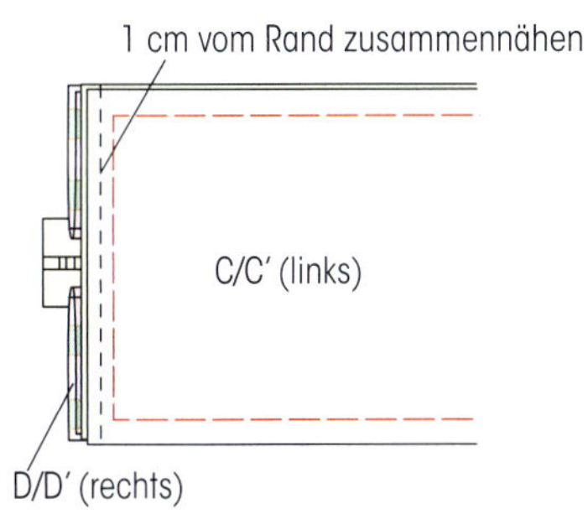

Die Nahtzugabe zur Einheit **C/C′** umschlagen und 0,2 cm vom Rand absteppen.

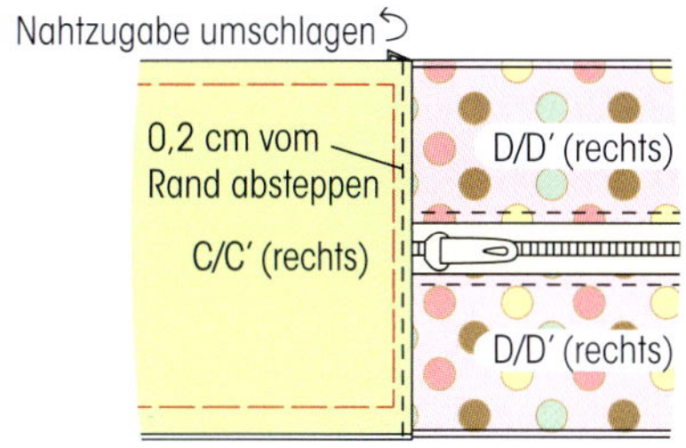

Die andere Einheit **C/C′** genauso an das andere Ende der Einheit **D/D′** nähen.

Die Henkel **G** an die oberen Ränder der Tragetasche stecken.

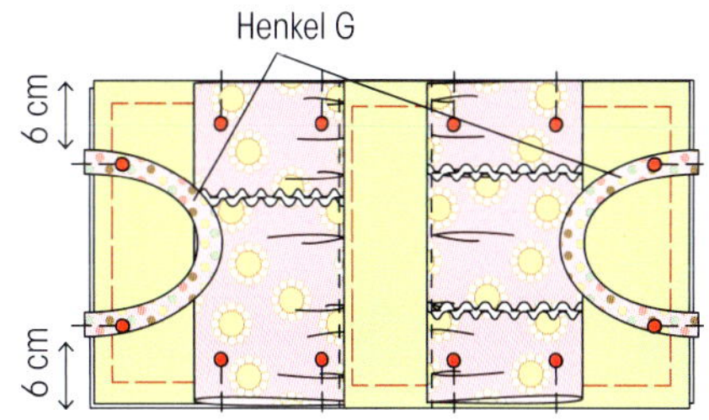

Die Einheit **C/C′/D/D′** rechts auf rechts so zusammennähen, dass der Boden mittig ist. (**Achtung:** Den Reißverschluss offen lassen, damit Sie die Tragetasche anschließend auf rechts wenden können.)

DAS FUTTER DER TRAGETASCHE

Die Teile **F** rechts auf rechts auf das Teil **E** legen, 1 cm von den Rändern zusammennähen und die Nähte auseinanderbügeln.

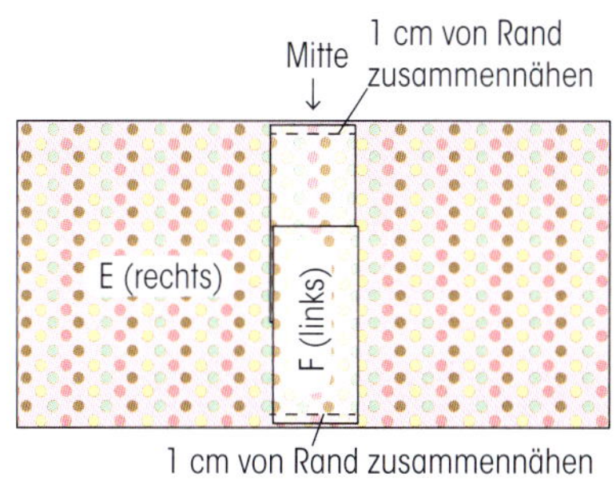

Anschließend die Seitenränder rechts auf rechts zusammennähen, die Nähte auseinanderbügeln.

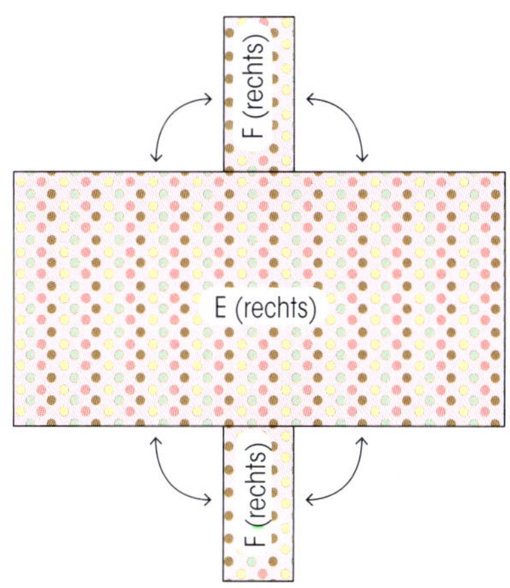

FERTIGSTELLUNG

Das Futter links auf links so in die Tragetasche schieben, dass die Seitennähte zusammenfallen. Die Nahtzugaben des Futters nach links umschlagen und mit kleinen unsichtbaren Stichen an den Nähten der Streifen **D** des Verschlusses annähen.

ROSA LÄTZCHEN

Maße: ca. 21 x 28 cm

Vorlagen in der Beilage Seite B

MATERIAL

- 30 x 110 cm hellgrüner Stoff von Stof, Art.-Nr. 4702.700
- 32 x 110 rosa Stoff von Stof, Art.-Nr. 4702.698
- 32 x 50 cm rosa Blümchenstoff von Stof, Art.-Nr. 4702.701
- 25 x 32 rosa Pünktchenstoff von Stof, Art.-Nr. 4702.692
- Rest doppelseitiges Aufbügelvlies
- 15 cm grünes Band, 1 cm breit, von Rico Design

Anmerkung
Für das Sticken mit der Nähmaschine Garn in Kontrastfarbe wählen.

ZUSCHNEIDEN

Die Vorlagen enthalten keine Nahtzugabe.
Die angegebenen Maße sind ohne Nahtzugabe.
Die Stoffe rundherum mit 1 cm Zugabe zuschneiden, außer bei den Applikationen.

Aus dem hellgrünen Stoff zuschneiden:
1-mal Vorlage 3 (**C**)
4 cm breite Schrägbänder, um ein 75 cm langes Schrägband anzufertigen (**F:** Schrägband)

Aus dem rosa Stoff zuschneiden:
1-mal Vorlage 1 (**A**)
1-mal die Vorlagen 1 + 2 (**H:** Futter für das Lätzchen)
4 cm breite Schrägbänder, um ein 75 cm langes Schrägband anzufertigen (**I:** Schrägband)

Aus dem rosa Blümchenstoff zuschneiden:
1-mal Vorlage 2 (**B**)
1 Kreis mit 3,5 cm Durchmesser (**D**)
1-mal die Vorlagen 1 + 2 (**G**)

Aus dem rosa Pünktchenstoff zuschneiden:
1-mal die Vorlagen 1 + 2 (**E:** Futter für das Lätzchen)

ANLEITUNG

LÄTZCHEN MIT BLUMENAPPLIKATION

Teil **A** rechts auf rechts oben auf Teil **B** legen und 1 cm vom Rand zusammennähen, die Naht auseinanderbügeln.

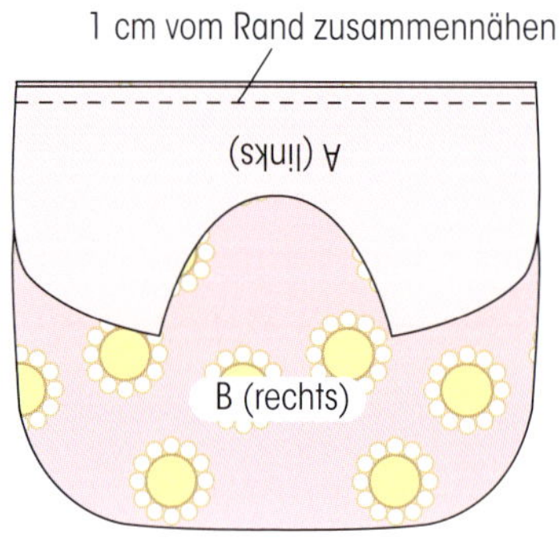

Die Teile **C** und **D** mit Aufbügelvlies verstärken.

Anhand des Fotos die Teile **C** und **D** auf der Einheit **A/B** anordnen und mit einem engen Zickzackstich applizieren.

Die Einheit **A/B** und **E** rechts auf rechts aufeinanderlegen und rundherum zusammennähen, dabei oben offen lassen. Die Rundung einschneiden, auf rechts wenden und das Lätzchen in Form bügeln.

Aus den Bändern **F** das 1 cm breite Schrägband anfertigen. Oben in der Mitte des Lätzchens ansetzen und zu beiden Seiten einen kleinen Umschlag machen. Auf der gesamten Länge 0,1 cm vom Rand absteppen (siehe technische Erklärung S. 4).

LÄTZCHEN MIT SCHLEIFE

Genauso wie bei dem Lätzchen mit Blumenapplikation die Teile **G** bis **I** zusammennähen. Aus dem grünen Band eine Schleife binden und diese mit kleinen unsichtbaren Stichen an das Lätzchen nähen (siehe Foto auf Seite 70).

SCHNULLER-ETUI

Maße: ca. 8 x 12 cm

MATERIAL

- 16 x 30 cm rosa Blümchenstoff von Stof, Art.-Nr. 4702.701
- 16 x 30 cm hellgrüner Stoff von Stof, Art.-Nr. 4702.700
- 16 x 30 cm feine Watteline
- 1 weißer Kunststoffdruckknopf

ZUSCHNEIDEN

Die Vorlagen enthalten keine Nahtzugabe.
Die Stoffe rundherum mit 1 cm Zugabe zuschneiden.

Aus dem rosa Blümchenstoff zuschneiden:
1-mal Vorlage 8 (**A**)
1-mal die Vorlagen 8 + 9 (**B**)
1-mal Vorlage 10 (**C:** Boden)

Aus dem hellgrünen Stoff zuschneiden:
1-mal Vorlage 8 (**D:** Futter)
1-mal die Vorlagen 8 + 9 (**E:** Futter)
1-mal Vorlage 10 (**F:** Futter für den Boden)

Aus der Watteline zuschneiden:
1-mal Vorlage 8 (**A'**)
1-mal die Vorlagen 8 + 9 (**B'**)
1-mal Vorlage 10 (**C':** Boden)

ANLEITUNG

Genauso wie bei der Vorbereitung der Tragetasche (siehe S. 72) die Watteline **A'** auf die linke Seite von Teil **A** legen und rundherum zusammenheften, damit nichts verrutscht. Ebenso mit Teil **B** und Watteline **B'** und mit Teil **C** und Watteline **C'** verfahren.

Die Einheit **A/A'** und die Einheit **B/B'** rechts auf rechts aufeinanderlegen und 1 cm von den Rändern zusammennähen.

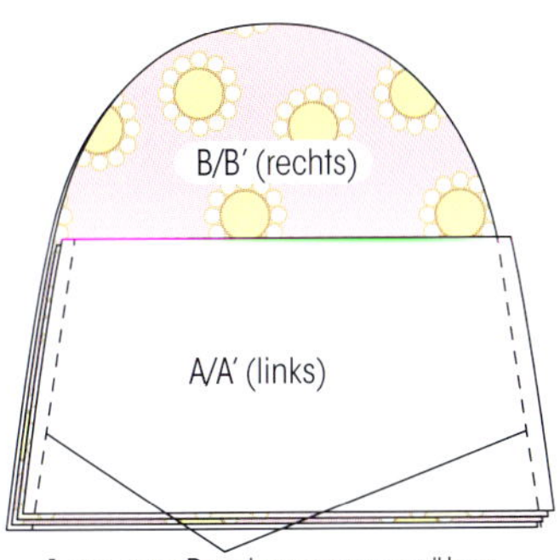

Die Einheit **C/C'** rechts auf rechts mit dem Boden des Etuis zusammennähen. Die Rundungen einschneiden, auf rechts wenden.

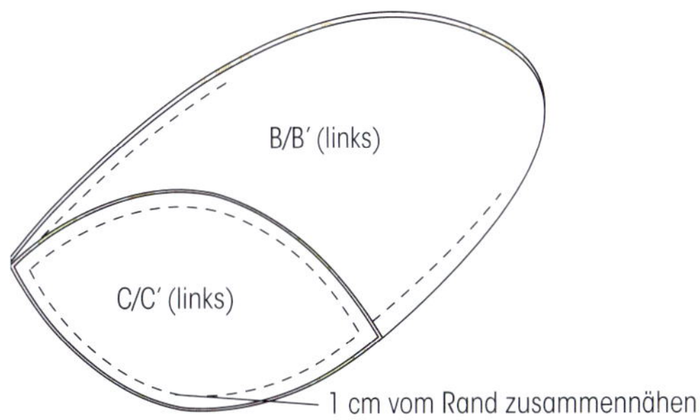

Genauso das Futter für das Etui aus den Teilen **D**, **E** und **F** zusammennähen.

Die Klappe des Etuis und die Klappe des Futters rechts auf rechts aufeinanderlegen und den gerundeten Teil zusammennähen. Die Rundung einschneiden und auf rechts wenden, dabei das Futter ins Innere des Etuis schieben.

Die Nahtzugabe der offenen Ränder nach links umschlagen, die Öffnung mit kleinen unsichtbaren Stichen zunähen. 0,3 cm vom gerundeten Rand der Klappe absteppen.

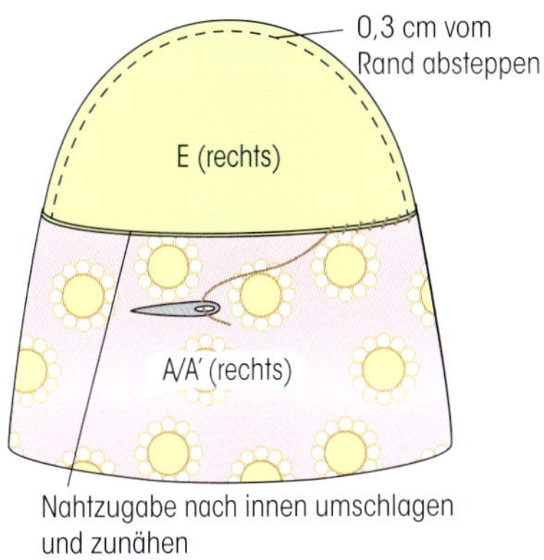

Den Druckknopf als Verschluss für das Etui anbringen.

HÜLLE FÜR DAS KINDER-UNTERSUCHUNGSHEFT

Maße: ca. 18,5 x 26 cm (gefaltete Hülle)

Vorlagen in der Beilage Seite B

MATERIAL

- 38 x 40 cm rosa Blümchenstoff von Stof, Art.-Nr. 4702.701
- 12 x 25 rosa Pünktchenstoff von Stof, Art.-Nr. 4702.692
- 28 x 80 cm rosa Stoff von Stof, Art.-Nr. 4702.698
- 50 x 110 cm hellgrüner Stoff von Stof, Art.-Nr. 4702.700
- Filzrest in Altrosa
- Filzrest in Strohgelb
- 28 x 40 cm feine Watteline
- Rest doppelseitiges Aufbügelvlies
- 28 cm naturfarbene Zackenlitze, 1 cm breit
- 1 weißer Kunststoffdruckknopf

Anmerkung
Für das Sticken mit der Nähmaschine Garn in Kontrastfarbe wählen.

ZUSCHNEIDEN

Die Vorlagen enthalten keine Nahtzugabe. Die angegebenen Maße sind ohne Nahtzugabe. Die Stoffe rundherum mit 1 cm Zugabe zuschneiden, außer bei den Applikationen.

Aus dem rosa Blümchenstoff zuschneiden:
1-mal 6 x 35 cm (**B**)
1-mal 24 x 35 cm (**H:** Futter für die Hülle)

Aus dem rosa Pünktchenstoff zuschneiden:
1-mal Vorlage 6 (**F:** Körper der Biene)
1-mal 8 x 10 cm (**J:** Lasche)

Aus dem rosa Stoff zuschneiden:
1-mal 18 x 35 cm (**A**)
2-mal 16 x 24 cm (**I:** Klappe der Hülle)

Aus dem hellgrünen Stoff zuschneiden:
4 cm breite Schrägbänder, um ein 125 cm langes Schrägband anzufertigen (**K:** Schrägband)

Aus dem altrosa Filz zuschneiden:
1-mal Vorlage 5 (**E:** Stachel der Biene)
1-mal Vorlage 7 (**G:** Kopf der Biene)

Aus dem strohgelben Filz zuschneiden:
1-mal Vorlage 3 (**C:** Flügel der Biene)
1-mal Vorlage 4 (**D:** Flügel der Biene)

Aus der feinen Watteline zuschneiden:
1-mal 24 x 35 cm (**X**)

ANLEITUNG

DIE LASCHE

An drei Seiten von Teil **J** 1 cm umschlagen.

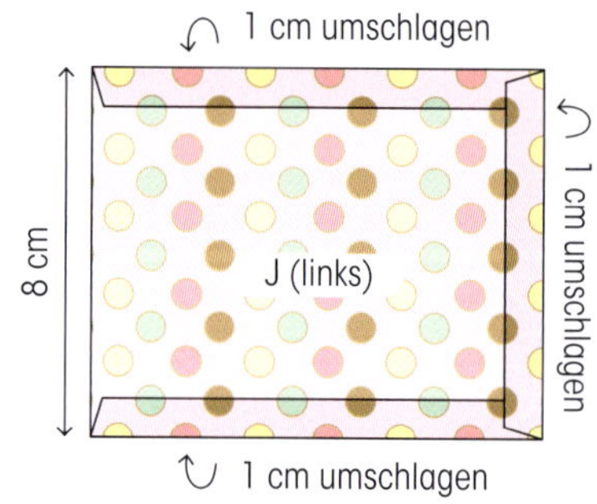

Die Lasche in der Mitte rechts auf rechts falten, die Knickfalte zum Markieren bügeln.

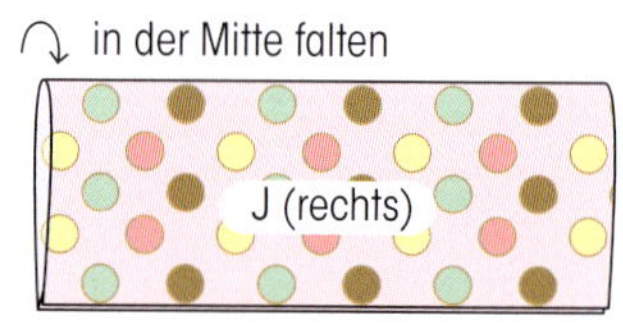

Die Zackenlitze unter die 3 Ränder von Teil **J** legen und 0,2 cm vom Rand zum Fixieren absteppen.

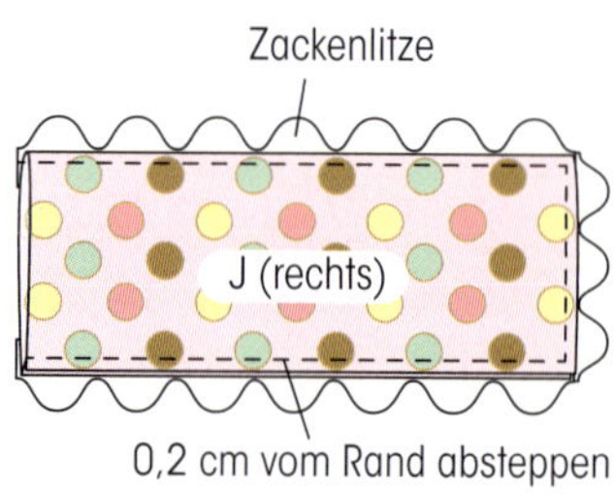

DIE KLAPPEN DER HÜLLE

Die Teile **I** in der Mitte links auf links falten, 0,5 cm von den Knickfalten absteppen.

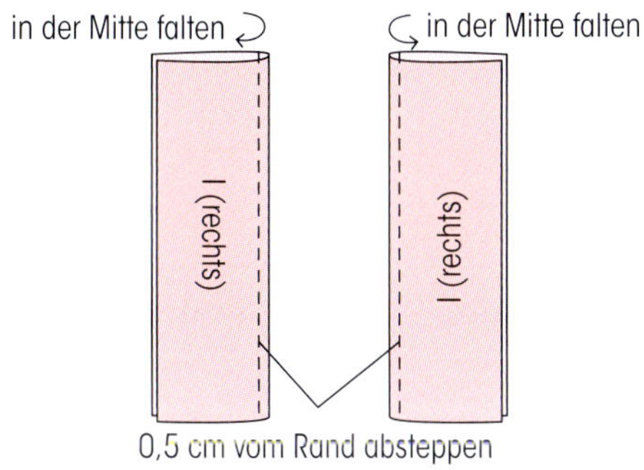

DIE HÜLLE ZUSAMMENNÄHEN

Teil **B** rechts auf rechts unten auf Teil **A** legen, 1 cm vom Rand zusammennähen, die Naht auseinanderbügeln.

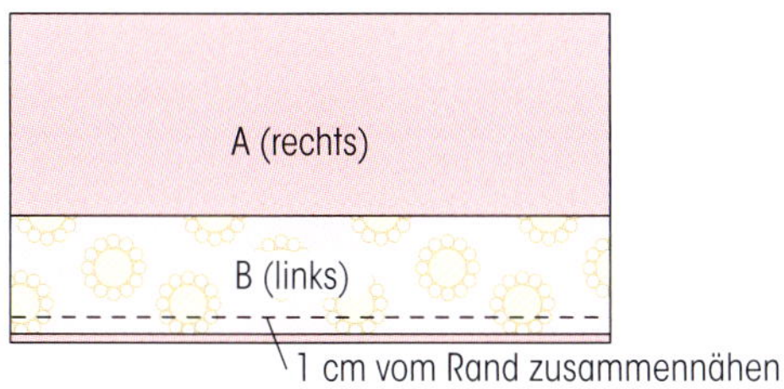

Die Watteline **X** auf die linke Seite der Einheit **A/B** legen und rundherum zusammenheften, damit nichts verrutscht.

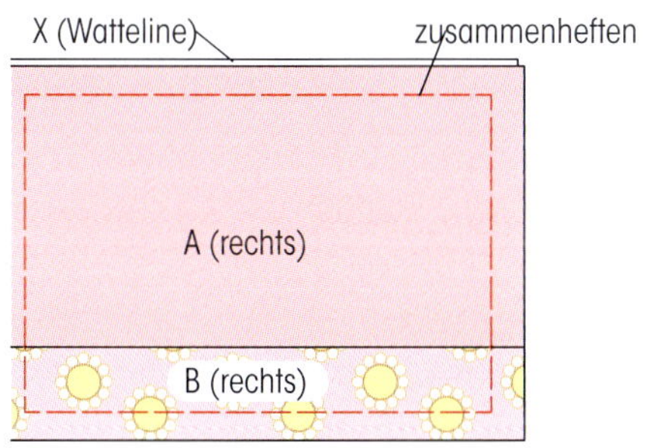

Das Teil **F** mit Aufbügelvlies verstärken. Anhand des Fotos die zu applizierenden Teile (**C** bis **G**) auf der Einheit **A/B** anordnen. Zum Applizieren alle Ränder der Teile im engen Zickzackstich absteppen. (**Achtung:** Beim Applizieren die alphabetische Reihenfolge einhalten.)

Die Zeichnungen von Auge, Maul, Fühlern und Streifen auf den Körper übertragen und anschließend im engen Zickzackstich sticken (siehe Foto).

Die Zeichnung der Flugbahn der Biene anhand der Vorlage übertragen und im Vorwärtsstich quilten oder absteppen.

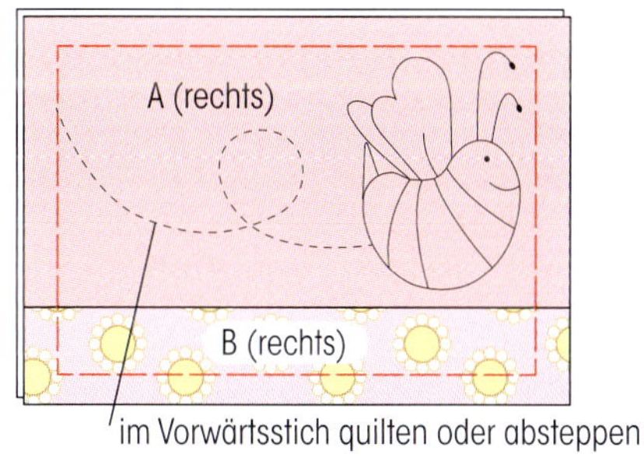

Die Lasche **J** wie in der Abbildung angegeben platzieren und feststecken.

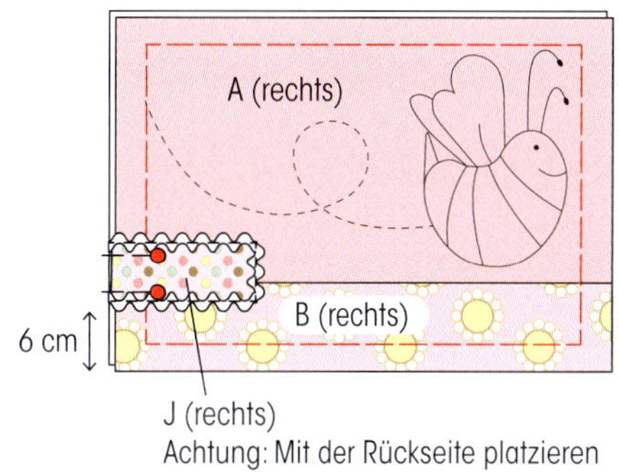

Auf diese Einheit **A/B/J** links auf links das Teil **H** legen (Watteline **X** auf die linke Seite von Teil **H**), die Klappen **I** auf beiden Seiten anordnen und zusammenheften.

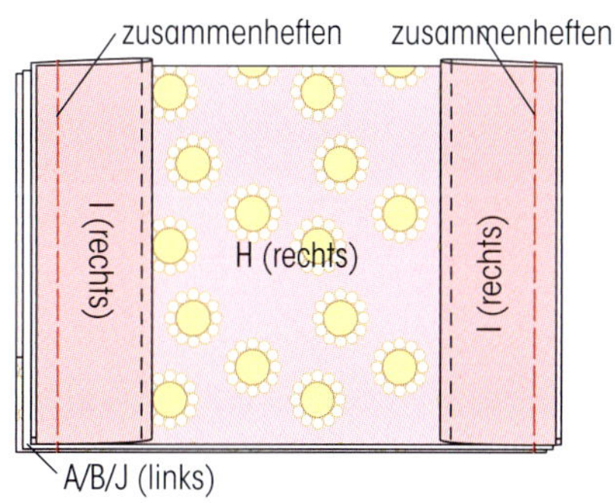

Aus den Bändern **K** das 1 cm breite Schrägband anfertigen und die Hülle rundherum damit einfassen (siehe technische Erklärung S. 4).

Die Hülle in der Mitte zusammenfalten und als Verschluss den Druckknopf anbringen.

FLÄSCHCHEN-HÜLLE

Maße: ca. 11 x 26 cm

Vorlagen in der Beilage Seite B

MATERIAL

- 10 x 36 cm rosa Blümchenstoff von Stof, Art.-Nr. 4702.701
- 38 x 38 cm rosa Pünktchenstoff von Stof, Art.-Nr. 4702.692
- 40 x 110 cm hellgrüner Stoff von Stof, Art.-Nr. 4702.700
- 10 x 10 cm rosa Stoff von Stof, Art.-Nr. 4702.698
- 38 x 38 cm feine Watteline
- Füllwatte
- 25 cm naturfarbene Zackenlitze, 1 cm breit
- 15 cm grünes Band, 1 cm breit, von Rico Design
- 1 Knopf zum Beziehen, 1,5 cm Durchmesser
- 1 weißer Kunststoffdruckknopf

ZUSCHNEIDEN

Die Vorlagen enthalten keine Nahtzugabe.
Die Stoffe rundherum mit 1 cm Zugabe zuschneiden, soweit nicht anders angegeben.

Aus dem rosa Blümchenstoff zuschneiden:
1-mal Vorlage 11 (**B**)
1 Kreis mit 7 cm Durchmesser (**C:** Boden)

Aus dem rosa Pünktchenstoff zuschneiden:
1-mal die Vorlagen 11 + 12 (**D:** Futter)
1 Kreis mit 7 cm Durchmesser (**E:** Futter für den Boden)

Aus dem hellgrünen Stoff zuschneiden:
1-mal Vorlage 12 (**A**)
4 cm Schrägbänder, um ein 52 cm langes Schrägband anzufertigen (**F:** Schrägband)

Aus dem rosa Stoff zuschneiden:
1 Kreis mit 8,5 cm Durchmesser ohne Nahtzugabe (**G:** Blume)

Aus der Watteline zuschneiden:
1-mal die Vorlagen 11 + 12 (**X**)
1 Kreis mit 7 cm Durchmesser (**Y:** Boden)

ANLEITUNG

Teil **B** rechts auf rechts unten auf Teil **A** legen, 1 cm vom Rand entfernt zusammennähen und die Naht auseinanderbügeln.

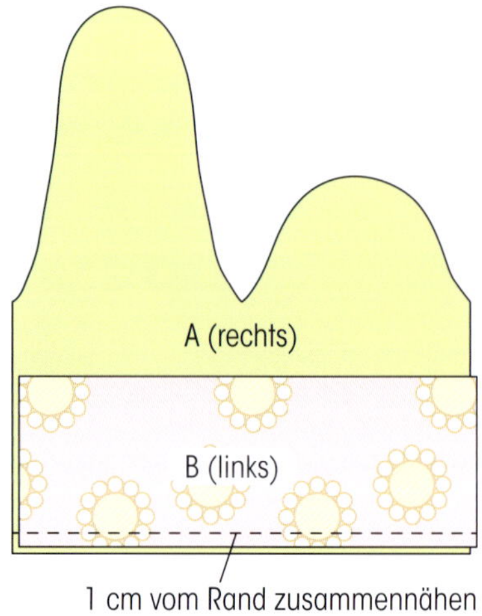

Genauso wie bei der Vorbereitung der Tragetasche (siehe S. 72) die Watteline **X** auf die linke Seite der Einheit **A/B** legen und rundherum zusammenheften, damit nichts verrutscht. Ebenso mit Teil **C** und der Watteline **Y** verfahren.

Die Zackenlitze auf die Naht zwischen den Teilen **A** und **B** legen und zum Fixieren absteppen.

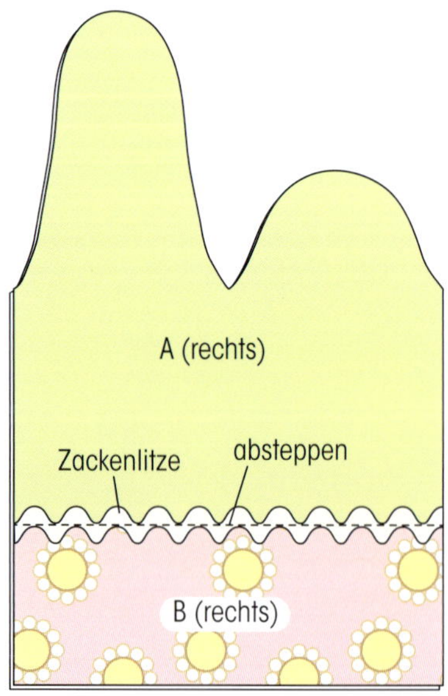

Diese Einheit **A/B/X** in der Mitte rechts auf rechts falten und 1 cm vom Rand zusammennähen.

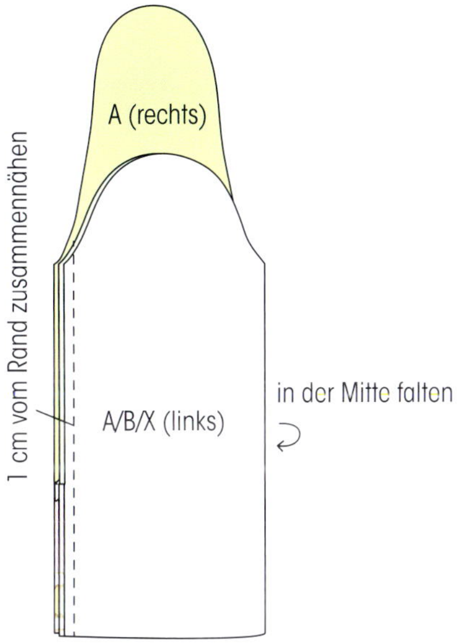

Genauso wie bei dem Schnuller-Etui (siehe S. 75) die Einheit **C/Y** rechts auf rechts unten auf die Fläschchen-Hülle nähen. Die Rundungen einschneiden und auf rechts wenden.

Genauso das Futter für die Fläschchen-Hülle aus den Teilen **D** und **E** nähen.

Das Futter links auf links so in die Fläschchen-Hülle schieben, dass die Seitennähte zusammenfallen, die gerundeten Teile feststecken.

Aus den Streifen **F** das 1 cm breite Schrägband anfertigen und die gerundeten Kanten damit einfassen.

Bei Teil **G** 0,2 cm vom Rand im Vorwärtsstich nähen, an dem Faden ziehen, um den Rand zu kräuseln, und vor dem Zunähen mit Watte ausstopfen.

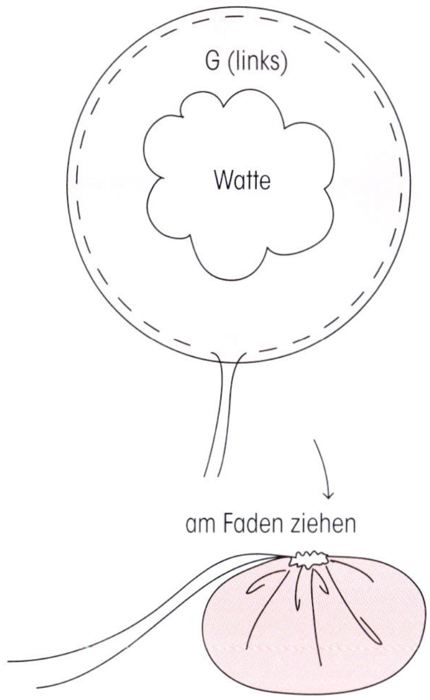

Den Faden in der Mitte der Blume herausführen und die Blume durch jeweils drei große Schlingen in sechs gleich große Abschnitte teilen, dabei den Faden jeweils fest anziehen, um das Volumen zu markieren. Anschließend die Nadel in der Mitte herausführen und den Knopf annähen, der mit dem hellgrünen Stoffrest bezogen wurde.

Die Blume oben auf der Fläschchen-Hülle annähen (siehe Foto)

Mit dem grünen Band eine Schleife binden und diese vorne auf der Fläschchen-Hülle mit kleinen unsichtbaren Stichen annähen.

Den Druckknopf als Verschluss für die Fläschchen-Hülle anbringen (siehe Foto).

Bibliografische Information der Deutschen Nationalbibliothek
Die Deutsche Nationalbibliothek verzeichnet diese Publikation in der Deutschen Nationalbibliografie.
Detaillierte bibliografische Daten sind im Internet über http://dnb.d-nb.de abrufbar.

Für Fragen und Anregungen:
info@mvg-verlag.de

1. Auflage 2017

Nymphenburger Straße 86
D-80636 München
Tel.: 089 651285-0
Fax: 089 652096

Die französische Originalausgabe erschien 2016 bei Les Éditions de Saxe unter dem Titel *Couture pour bébé*.

Übersetzung: Christa Trautner-Suder
Redaktion: Antje Steinhäuser
Umschlaggestaltung: Isabella Dorsch
Umschlagabbildung und Fotografien im Innenteil: Didier Barbecot
Satz: inpunkt[w]o, Haiger (www.inpunktwo.de)
Druck: Florjancic Tisk d.o.o., Slowenien
Printed in the EU

ISBN Print 978-3-86882-771-2
ISBN E-Book (PDF) 978-3-96121-003-9
ISBN E-Book (EPUB, Mobi) 978-3-96121-004-6